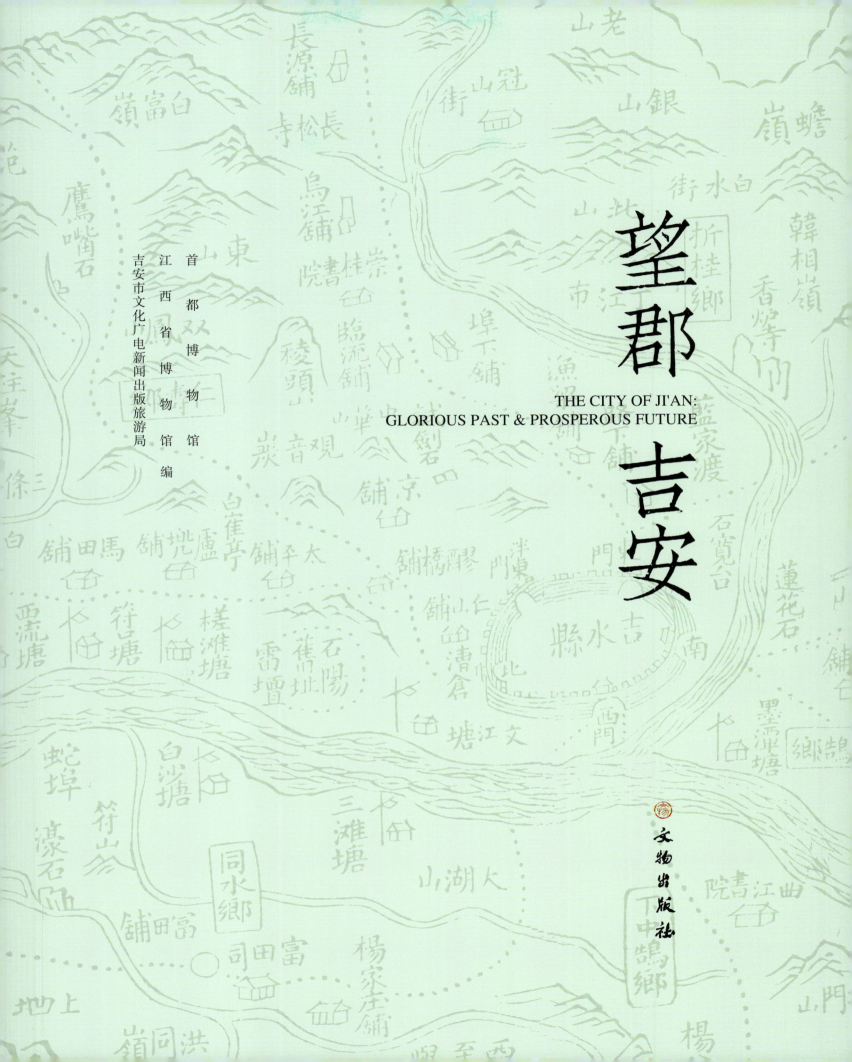

望郡 吉安

THE CITY OF JI'AN:
GLORIOUS PAST & PROSPEROUS FUTURE

首都博物馆
江西省博物馆
吉安市文化广电新闻出版旅游局 编

文物出版社

图书在版编目（CIP）数据

望郡吉安 / 首都博物馆，江西省博物馆，吉安市文化
广电新闻出版旅游局编 . -- 北京：文物出版社，2019.6
　　ISBN 978-7-5010-6156-3

　　Ⅰ . ①望… Ⅱ . ①首… ②江… ③吉… Ⅲ . ①文化史 –
吉安 Ⅳ . ① K295.63

　　中国版本图书馆 CIP 数据核字（2019）第 103033 号

望郡吉安

编　　者：首都博物馆
　　　　　江西省博物馆
　　　　　吉安市文化广电新闻出版旅游局

责任编辑：张晓曦
特约编辑：裴亚静
责任印制：张道奇

出版发行：文物出版社
社　　址：北京市东直门内北小街 2 号楼
邮　　编：100007
网　　址：www.wenwu.com
邮　　箱：web@wenwu.com
经　　销：新华书店
印　　刷：鑫艺佳利（天津）印刷有限公司
开　　本：635mm×965mm　1/16
印　　张：18
版　　次：2019 年 6 月第 1 版
印　　次：2019 年 6 月第 1 次印刷
书　　号：ISBN 978-7-5010-6156-3
定　　价：350.00 元

望郡吉安
THE CITY OF JI'AN: GLORIOUS PAST & PROSPEROUS FUTURE

主办单位：吉安市人民政府　北京市文物局　江西省文化和旅游厅

协办单位：吉安市博物馆

承办单位：首都博物馆　江西省博物馆　吉安市文化广电新闻出版旅游局

总 策 划：胡世忠　舒小峰　王少玄

出 品 人：白　杰

总 监 制：韩战明　杨文英　叶　蓉　李希朗

监　　制：谭晓玲　吴　明

责 任 人：田辛酉　马晓珣　唐　宁

内容撰写：俞嘉馨　田辛酉　郭良实

展陈设计：高叶环

文物管理：陈建平　邓骁挺　陈之川　张卫文　彭庆新　王　琼
　　　　　涂　飞　邱雅沛　李　敏　李　荔　徐　涛　黄雪梅
　　　　　钟新淼　谢博洋　杨丽明

灯 光 师：索经令　吕　欧

摄 影 师：谷中秀　梁　刚　张京虎　朴　识　罗　征　李　宇

图片编辑：白　琳　韩　晓　杨　妍

首都博物馆

Capital Museum，China

中国北京西城区复兴门外大街 16 号 100045

16 Fuxingmenwai Street, Xicheng District, Beijing 100045, P.R.China.

中文网站：http://www.capitalmuseum.org.cn

English website：http://en.capitalmuseum.org.cn

官方微信

官方微博

支持单位

江西省博物馆

井冈山革命博物馆

北京石刻艺术博物馆

吉安市博物馆

白鹭洲书院博物馆

新干县博物馆

峡江县博物馆

遂川县博物馆

湘赣革命纪念馆

吉水县博物馆

吉州窑博物馆

安福县博物馆

泰和县博物馆

万安县博物馆

井冈山市展览馆

長源鋪
長松寺
白富嶺
鷹嘴石
東山
双鳳山
仁壽鄉
烏江鋪
崇桂書院
臨流鋪
冠山街
銀山
白水街
北山
折桂鄉
丁江市
藍家渡
古水縣
馬田鋪
同水鄉
大湖山
文江塘
三灘塘
曲江書院
下中鵠鄉
富田司
楊家庄鋪
洪岡嶺
上地

致 辞（一）

　　2019 年，是中华人民共和国成立 70 周年，也是习近平总书记视察首都博物馆五周年。恰逢吉时，我们与江西省吉安市人民政府共同策划推出"望郡吉安"展。本展汇集了江西省博物馆、井冈山革命博物馆、吉安市及其下属各市县 12 家博物馆、纪念馆、展览馆，以及北京石刻艺术博物馆共计 280 件（套）文物展品，其中一级品过半。展览全景式展现了吉安地区从史前商代新干大洋洲的文明缔造到井冈山精神的代代相沿，由古及今，历史的演进，文脉的传承，精神的延续，犹如时空长廊悉数呈现。

　　应该说首都博物馆所推出的每一项展览，我们都力求做到有所创新和突破，向观众讲好故事、传播好知识。我们的工作并不是单纯地拿来与展示，不仅需要理解吉安的历史文化，把握学术科研，更重要的是通过我们的策划，利用展览的传播规律及其表现方式，解读好中国古代的历史智慧，讲好当代的中国共产党故事，进而通过陈列艺术将展览文本加以呈现。展品的甄选、落实同样经过了反复推敲，幸而得到各文博兄弟单位的鼎力支持，在此一并致谢！

　　如果说 2016 年首都博物馆所举办的"美·好·中华——近二十年考古成果展"融汇了全国之力，向广大观众讲述了宏大叙事的中华文明，那么本次"望郡吉安"展便是我们将关注与思考聚焦于伟大祖国的"吉安"一域，由面到点，将历史的注脚与家国的情怀融为一体。在2019 年新春之际，首博人以自己独特的方式致敬祖国，藉吉安之名，祝福祖国吉祥太平！祝福人民安康幸福！

首都博物馆　　党委书记　白　杰
　　　　　　　馆　　长　韩战明
　　　　　　　　　　2019 年 2 月

致 辞（二）

　　江西是中华文明的重要发祥地之一，山水毓秀，人杰地灵。位于江西中部的吉安揽罗霄山脉中段，据富饶的吉泰盆地，临赣江中游，自古文化底蕴深厚，是江西悠远璀璨青铜文明和陶瓷文化的代表，也是孕育伟大井冈山精神的红色摇篮。值此中华人民共和国成立 70 周年之际，"望郡吉安"展在首都博物馆举办，躬逢盛事，不胜欣喜！

　　此次展览从距今 3000 年前的商代文明到延续 2000 年的庐陵文化及跨越时空的井冈山精神，是吉安数千年文化底蕴与变迁的全面展现。我馆共有 61 件（套）文物参展：新干大洋洲商代遗址的青铜器、玉器、陶器，既有中原殷商文化色彩，又极具鲜明地方特色，是探索华夏文明"多元一体"发展格局的重要组成部分；吉州窑，作为宋代八大民窑之一，博采众家、融汇南北、雅俗兼具，独创了木叶、剪纸贴花等工艺技法，在中国陶瓷史上书写了不朽的华彩篇章。这些或雄浑或精巧的历史遗物见证了吉安先民的开拓与拼搏，寄寓着赣地儿女对美好生活的追求和向往。

　　首都博物馆是对海内外观众展示和宣传中华文化的重要窗口，近年来我馆和首博保持着良好的合作与互动：2014 年"赣水流韵 辉耀千载——江西古代文物精品展"唱响赣鄱文化乐章；2016 年"五色炫曜——南昌汉代海昏侯国考古成果展"人气爆棚，一票难求；2017 年"美·好·中华——近二十年考古成果展"共启中华美好之门。此次再度合作倍感亲切，更期待未来的交往与交流日益深厚。

　　盛世佳年，祝愿国家吉安，人民幸福！

江西省博物馆馆长　叶　蓉
2019 年 2 月

致 辞（三）

吉安，古称庐陵、吉州，元初取"吉泰民安"之意改称吉安，自古乃人文渊源之地，素享"江南望郡""文章节义之邦"的美誉。欧阳修、杨万里、文天祥等庐陵先贤追求卓越、坚守气节，孕育了光耀千秋的庐陵文化。1927 年，毛泽东、朱德在这里点燃了中国革命的星星之火，开展了艰苦卓绝的井冈山斗争，锻造了伟大的井冈山精神，井冈山被誉为"中国革命的摇篮"。庐陵文化和红色文化交相辉映，吉安大地留存着灿若繁星的文物珍品。

文载千秋史，物传井冈情。2019 年，中华人民共和国成立 70 周年之际，我们吉安来到首都北京，在首都博物馆举办"望郡吉安"文物精品展，展示吉安的"传家宝"。首都博物馆从主题策划到陈展设计，从布展安排到展品挑选，都给予了高水平的专业指导和精心服务。所有这些，凝聚了文化和旅游部、国家文物局、北京市文物局、首都博物馆尊重文化、珍视文物的情怀，彰显了对吉安革命老区的深情厚谊。我们铭记于心、感恩于怀！

习近平总书记指出，文化是最深沉、最持久的力量。这次展出的 280 件文物，既有商周青铜器、宋元吉州窑陶瓷等特色瑰宝，也有毛泽东用过的油灯等红色遗产，还有庐陵先贤传下的经典古籍。文物，既见证历史，又启迪未来。我们举办文物展，就是要通过精品文物，讲好吉安故事，传颂"三千进士冠华夏"的庐陵辉煌，述说"中国革命星火燎原"的老区荣光，让收藏在博物馆里的文物、书写在古籍里的文字都活起来。当前，我们正以习近平总书记视察吉安、井冈山为动力，加快脱贫攻坚，决胜全面小康。我们举办文物展，就是要激发广大庐陵儿女"爱家乡、兴吉安"的热情，共绘新时代江南望郡金庐陵的美好画卷。

在中华人民共和国成立 70 周年之际，为使"望郡吉安"文物精品展永不落幕，以精品服务人民，《望郡吉安》图录即将撷英出版，我们谨以此图录，藉吉安之名，致敬祖国，祝福祖国吉祥平安！祝福人民安康幸福！

为此，对为"望郡吉安"文物精品展和《望郡吉安》图录付出辛勤努力的领导、同志和朋友们致以最崇高的敬意！对全力支持"望郡吉安"文物精品展和《望郡吉安》图录出版的首都博物馆和首博人致以最诚挚的感谢！

中共吉安市委常委、宣传部部长　刘兰芳

2019 年 2 月

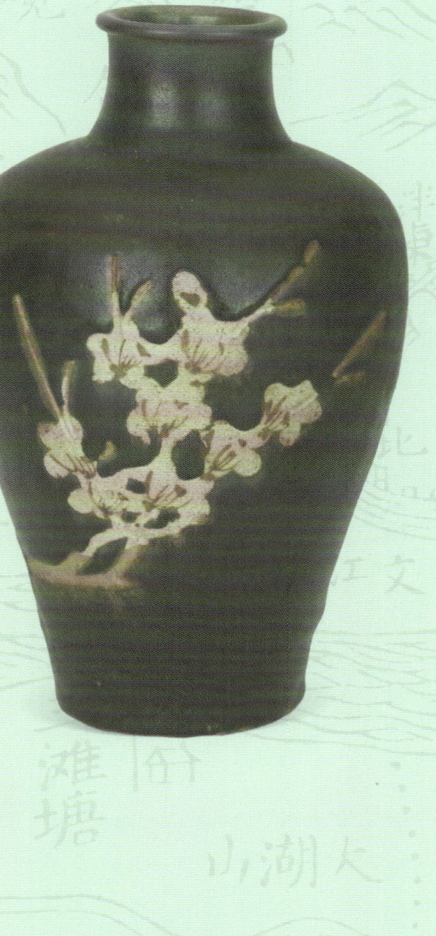

前言

目录

Contents

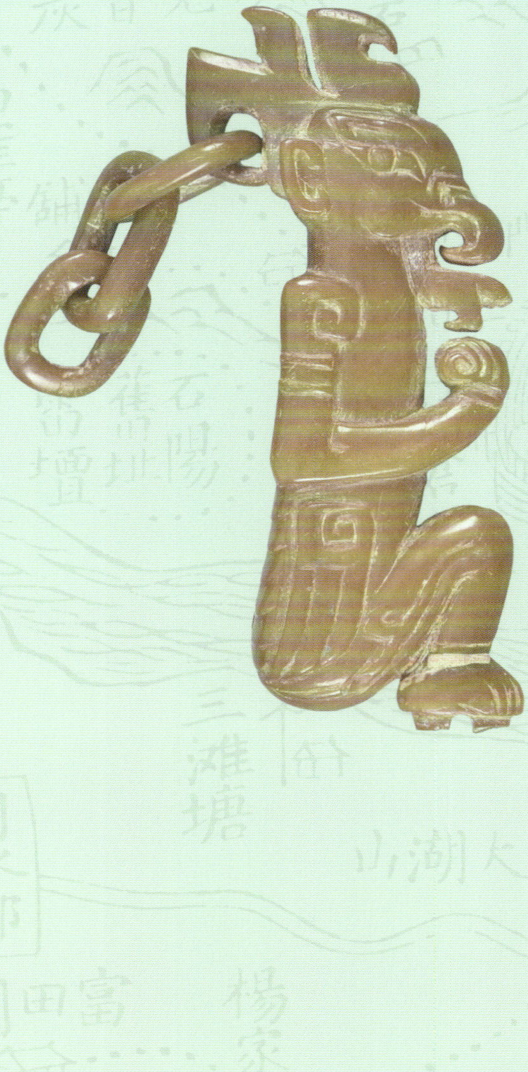

前言

Foreword

吉安位于江西省中部，恢弘的赣江之水穿流而过。

古人依水而居，赣水孕育了吉安，涵养了文化，富足了人心。

这里有商代新干大洋洲的文明缔造，

这里有500年不熄的吉州窑炉火，

这里有至今依旧的白鹭洲书院朗朗读书声，

更有井冈山精神的燎原之势与代代相传。

吉安之名寓意"吉泰民安"，透露了古代先民对美好生活的期盼。

承袭千年古风，书写历史的吉安照耀家国之路，

穿越千载，井冈山精神唱响当代中国的华彩乐章。

Located in the center of Jiangxi Province, Ji'an City lines both sides of the Gan River. People in ancient times lived and prospered here. The river gave birth to the city, fostered its culture, and infused its inhabitants with great mental vitality. Here, you can discover the Shang Dynasty (1600-1046 BCE) civilization of Dayangzhou, a town in Xingan County; visit the Jizhou Kiln, which has been in use for 500 hundred years; and listen to the sound of chanting of ancient books in Bailuzhou Academy. Here, the revolutionary spirit emerged in the Jinggang Mountain area and was passed down through the generations.

The name "Ji'an" means auspicious, prosperous and a life of peace, reflecting the hope of the ancestors for a good and blessed life. With a history of several thousand years, Ji'an is a shining beacon for civilization in the entire country. And the spirit engendered in the Jinggang Mountain revolutionary area is like a beautiful melody marking the progress of modern China.

第一章

南厚
国土

The Land of
Great Culture

今天，远眺吉安市的"北大门"——新干县大洋洲镇，

水草丰美、土地连绵，似乎一切都是安静的。

时光推移到 1989 年 9 月，

这里发现了可与中原殷商文明媲美的高度发达的青铜文明，

"新干大洋洲"从此载入了教科书。

失落的文明，吉金重光，一座神秘而玄幻的王国就此走入人们的眼帘。

这里，邦畿肇域，中原商文化如春风化雨般浸润。

这里，四海之内，本地文化的基因孕育着南土之美。

这里，汇聚文化支流，将黄河文明与长江文明连接在一起。

Today, when looking over Dayangzhou Town in Xingan County, the "north gate" of Ji'an stands proud, the fields with plenty of water and lush grass stretch to the horizon, and everything appears at peace. However, back to September, 1989, a brilliant Bronze Age civilization that had been developed by the Yin-Shang people in the central China was discovered here. "Dayangzhou town, Xingan County" thus achieved fame in national history. The discovery of this lost civilization has revealed a kingdom of mystery and fantasy.

The territory of the kingdom extended far, being steadily influenced by the Shang Dynasty culture of central China. The local culture also reflects the great beauty of the south. Here, branches of various cultures converge, creating a distinct connection between the Yellow River and Yangtze River civilizations in particular.

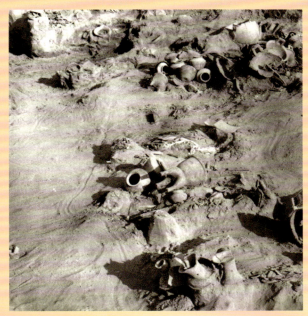

新干大洋洲商墓青铜器出土状态图

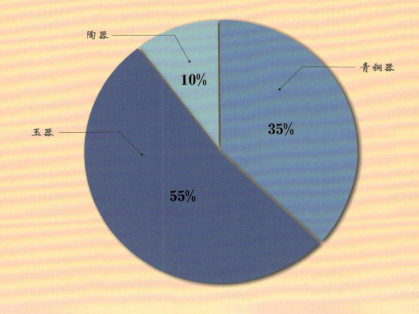

陶器

青铜器

10%

35%

玉器

55%

新干大洋洲商墓出土青铜器、玉器、陶器量比示意图

今日远眺新干县大洋洲镇

一
藏
礼
于
器

人类诞生于世，

先畏自然而后祭祀神明，

"殷人尊神，率民以事神，先鬼而后礼"，

青铜礼乐器也因时空的距离

而对今人蒙上了一层神秘的面纱。

兽面纹、夔龙纹、虎纹、

鹿纹、羊首纹、牛首纹、

鸟纹、龟纹、鱼纹、蝉纹、燕尾纹……

20 余种纹样更是仿若书写着

新干商人复杂的内心世界。

他们善于对中原之器改弦更张，

他们勇于创造着自我的独特表达。

001

双面神人青铜头像

商（公元前 16 世纪～前 11 世纪中期）

通高 53 厘米，面宽 14.5 厘米 ×22 厘米，

銎径 4.5 厘米 ×5 厘米，管径 6 厘米

1989 年江西省新干县大洋洲出土

江西省博物馆藏

此器为一中空的扁平双面人首造型，呈倒置的等腰梯形。两面对称，均有中空的圆突目，宽额，高颧骨，肥鼻，有双孔，张口露齿，窄颌，两侧嘴角上翘，下犬齿外卷类似獠牙，其余齿呈铲形，竖耳上部尖。头部两侧各出一角，角端外卷，饰阴线卷云纹。

器上部为圆管，可插羽毛等配件，下部方銎能固定木柄，面容透露着神秘和威严。该造型设计有可能与古人天圆地方理念相合。这一形象可能与商周时期出土的其他青铜面具有相似的功能与性质，是一种用于神灵崇拜的偶像或"神器"，是人与神沟通的媒介。

伏鸟青铜卧虎

商（公元前 16 世纪～前 11 世纪中期）
通长 53.5 厘米，通高 25.5 厘米，
体宽 13 厘米
1989 年江西省新干县大洋洲出土
江西省博物馆藏

此器形似虎尊但腹底不连，内空。张口，牙齿经修复完备，左右两獠牙尤为突出，突目粗眉，双耳竖立。粗颈，垂腹，背脊突出，后垂双尾，尾端上卷。背伏一鸟，尖喙圆睛，竖颈短尾。虎身及四肢分饰垂鳞纹、卷云纹和云雷纹，所有纹样均为阴线雕刻。整个虎形躯体庞大，怒目圆睁，虎视眈眈，作半起欲奔之势，生动再现了"虎"的形象。

这是目前所见青铜虎体量最大者。新干大洋洲商墓出土了很多带有虎形装饰的器物，风格基本一致，构成了新干青铜文化的猛虎特色。有学者推测虎可能是墓主人家族的崇拜对象或与其家族历史及传说有一定的关系。也有学者认为虎与当地的民族、文化传统和宗教信仰有关。虎与鸟的结合器虽南北方均有发现（如河南安阳殷墟出土的妇好觥也是前为虎后为鸟），但此虎的双尾造型却是前所未见的。可能是标志本地吴城方国的"国器"。

折肩铜鬲

商（公元前 16 世纪～前 11 世纪中期）
通高 39 厘米，口径 19 厘米，
耳高 3.1 厘米
1989 年江西省新干县大洋洲出土
江西省博物馆藏

立耳外侈，束颈，宽肩，直腹，分档，三柱足。肩与肩、腹折角处饰联珠纹，与同出陶器的装饰风格一致，档部饰燕尾纹。

整器造型与新干大洋洲商墓同时出土陶器的装饰风格一致。这件鬲的袋足与档部装饰有斜线燕尾纹，器型不见于其他地区，在新干也仅此一件。有学者认为，该鬲上部形制和纹饰与江西省本地的吴城文化的小口折肩陶罐相同，下部与吴城文化陶鬲相近；其折肩风格和肩、足上的联珠纹、燕尾纹在吴城文化陶器中很流行，因此这件铜鬲应当是模仿吴城文化陶器制造，是土著式青铜器典型代表之一。

鸟耳夔形扁足铜圆鼎

商（公元前 16 世纪～前 11 世纪中期）
通高 27.4 厘米，口径 16.7 厘米，
足高 13.3 厘米
1989 年江西省新干县大洋洲出土
江西省博物馆藏

　　侈口，斜折沿，方唇，环状立耳，耳上各伏一鸟，深腹，圜底，下有三个夔形扁足。耳上立鸟花冠，尖喙，突目，敛翅短尾，身饰雷纹和燕尾纹。鼎腹部饰三组兽面纹带，上下以连珠纹为界。夔形扁足，后尾上卷。

　　在器物之上装饰动物造型是新干青铜器的显著装饰特点，题材有卧虎、伏鸟、立鹿等，造型生动，比例适当。以动物作为母题装饰器物的特征，透露出先民崇尚自然主义的审美意趣。有学者认为在中国东方及东南方存在一支崇尚鸟类的氏族或部落，而新干出土的大量鸟饰青铜器，有可能是当地人崇尚鸟图腾的表现。

兽面纹双层底铜方鼎

商（公元前 16 世纪～前 11 世纪中期）
通高 27 厘米，耳高 4 厘米，口横 21.4 厘米，
口纵 18 厘米，足高 8 厘米
1989 年江西省新干县大洋洲出土
江西省博物馆藏

盘口，斜折沿，方唇，双环立耳外侈，腹呈斗状。双层平底，中为 5.5 厘米高的内空夹层，口前置门，门有细轴，固定于口上两侧插销眼之中，门可上下转动启合。圆柱足上粗下细，足底端微鼓。腹壁四周均有纹饰：上下为环柱角展体兽面纹，左右两侧为单行式目雷纹。

足饰简体兽面纹，足下部有两道凸弦纹。

此鼎腹腔部的夹层可在其内放置炭火，保持鼎内食物常温不冷。1976 年，陕西扶风县庄白村出土了西周时期类似的双层圆腹鼎，同样形制的传世品在故宫博物院也有一件。

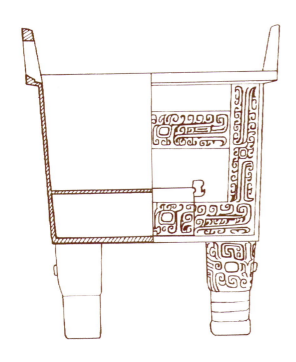

兽面纹虎耳铜方鼎

商（公元前 16 世纪～前 11 世纪中期）
通高 39.5 厘米，虎耳高 9.8 厘米，
口横 28.7 厘米，口纵 24.8 厘米，
足高 12.1 厘米
1989 年江西省新干县大洋洲出土
江西省博物馆藏

直口，方唇，双环状形立耳，耳上各一伏虎，直壁微收，平底，下接中空四柱足，与腹腔相通，足下端微突。四面腹壁均以连珠纹作边饰，中饰三组兽面纹，分上、中、下三层。上层以扉棱为鼻；中层为环柱角上卷尾展体式兽面纹，细棱鼻；下层为低鼻。足饰高凸勾戟作鼻的外卷角简体兽面纹。足下束，有两道凸弦纹。

此鼎的铸造方式为先铸腹壁的四条镂空扉棱，再与鼎腹铸接。耳顶的虎形附件后铸，是鼎腹成形后铸接于鼎耳的。扉棱从接榫处浇注，鼎腹从足端倒立浇筑。扉棱对开分型，由 2 块对称的泥范组成铸型。鼎腹沿四角分型，由 4 块侧范、1 块地范和 1 块腹芯组成铸型。腹芯自带鼎耳内芯，并与足内芯合为一体。鼎底部可见 4 块铜芯撑，芯撑较大，以带花纹的旧铜片做成。

虎耳虎形扁足铜圆鼎

商（公元前 16 世纪～前 11 世纪中期）
通高 40.7 厘米，耳高 5.8 厘米，
口径 27.4 厘米
1989 年江西省新干县大洋洲出土
江西省博物馆藏

　　斜折沿，方唇，沿之双立耳，双耳上各卧一虎。浅圆腹，圜底，三虎形扁足。耳上卧虎身饰云雷纹，尾饰垂鳞纹。器腹上下以连珠纹为界，中为斜角目纹。三扁足为变体虎形，圆突目，张口，露出三角形利齿，展体，曲背，屈足，尾上卷，末端收为尖钩状，背有勾戟状凸脊。扁形虎足正好与立耳上伏虎相呼应，构成完美的结合。

　　新干大洋洲共出土虎形扁足铜鼎 9 件，其中 7 件双耳铸有卧虎，而江西靖江所出扁足鼎也是同样造型。这类器物的虎耳均与虎足相映成趣，构成一种"变形虎"的主题图案，是新干大洋洲商代墓葬最具代表性的地域文化形象。学者推测，新干虎形扁足鼎晚于夔形扁足鼎与鱼形扁足鼎，是扁足鼎铸造技术进一步发展的成果，亦属于"融合式青铜器"，其时代相当于殷墟中期。

鹿耳兽面纹四足铜甗

商（公元前 16 世纪~前 11 世纪中期）
通高 105.0 厘米，甑口径 61.2 厘米，
鬲高 39.5 厘米，鹿耳高 29 厘米，
重 78.5 千克
1989 年江西省新干县大洋洲出土
江西省博物馆藏

　　此甗分为两部分。上部为大口盆形的甑，下部为鬲。甗为蒸煮器，鬲盛水，甑放置食物，甗下引火煮水，以蒸汽蒸煮食物，整器的作用相当于今天的蒸锅。

　　此甗是甑、鬲连体，以束腰分界。甑为盘口，环状立耳，深斜腹，内部中间的算不存。鬲裆高，四足空，上如袋，下为圆柱。双耳外饰双重燕尾纹，耳上各立一鹿，一雄一雌，回首相顾，身饰垂鳞纹，足饰雷纹。甑腹上部饰四组展体的环柱角兽面纹，细棱作鼻，圆方突目。兽面间以勾戟凸棱分界。口沿外饰一周斜角式目雷纹。鬲通体饰四组浮雕式牛角兽面纹。足下稍收，饰两道凸弦纹。

　　甗出现于商代，大致可以分为连体甗与分体甗。新干大洋洲出土铜甗 3 件。此甗是新干青铜器中最庞大者。

　　器身纹饰为殷墟时期主流装饰风格，而耳上立鹿特点与新干方鼎、扁足鼎加铸动物造型的风格如出一辙。有学者推断此四足甗应铸造于商代晚期，是现在可见的最早的四足甗之一，多加铸一足的作法很有可能是新干人对中原青铜器的改造。

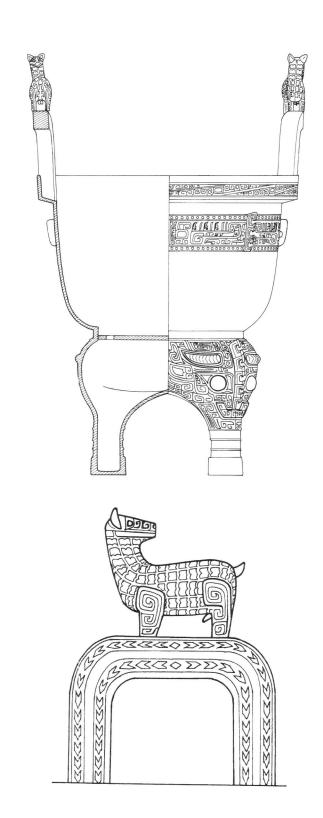

兽面纹假腹铜豆

商（公元前 16 世纪~前 11 世纪中期）
通高 13.4 厘米，口径 15 厘米，
盘深 2.2 厘米，足径 9.7 厘米
1989 年江西省新干县大洋洲出土
江西省博物馆藏

　　侈口，方唇，平折沿，内底浅
平，有假腹之形。腹面饰三组内卷
角兽面纹。内底中央饰涡纹，内壁
饰一周斜角目雷纹。圈足粗而高大。
上部以扉棱作鼻，组成三组内卷角
的简体兽面纹，中部素面饰两周凸
弦纹，有三个等距"十"字形镂空，
下部饰三组目雷纹，以凸棱分隔。

　　豆为盛食器，既可盛肉食、蔬
菜，也可盛粮食，是礼器的一种。
青铜豆仿自陶豆，始见于殷墟时期，
盛行于春秋战国。从造型、纹样方
面看，这件青铜豆应晚于殷墟的同
类器物。有学者指出，假腹、"十"
字形镂空及盘壁外折是吴城遗址所
出陶假腹豆的典型特征，这件新干
假腹铜豆是对江西本地吴城文化同
类型陶器的仿造。

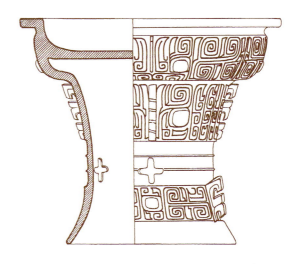

兽面纹假腹铜簋

商（公元前16世纪～前11世纪中期）
通高17.4厘米，口径33.1厘米，
腹径28.1厘米，足径22.6厘米
1989年江西省新干县大洋洲出土
江西省博物馆藏

侈口，平折沿，方唇，外腹圆而微鼓，有明、暗两底，外观为深腹，内底为浅底，故为假腹簋。口沿外承双鋬状环耳，表面高浮雕羊角兽面纹。腹部以双环耳和两个高扉棱为轴，满布四组展体式外卷角兽面纹，各组之间以双目分隔。纹带上下界以连珠纹。腹、足交接处置四个等距"十"字形镂空。圈足较高，饰四组虎足形高扉棱鼻的展体式兽面纹。内底中央阴刻一龟，头、尾、四足清楚，中央饰涡纹，周填云纹。

新干大洋洲出土铜簋仅此一件。尽管具有鲜明的中原文化烙印，但其圈足上的虎足形扉棱具有明显的地方特色，直而浅的假腹器未曾出现在中原地区，有学者将这件"文化融合式"器物定名为假腹盘。

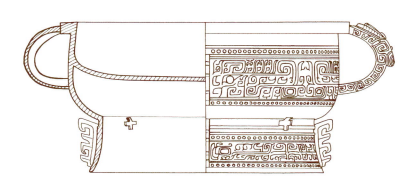

兽面纹铜罍

商（公元前 16 世纪～前 11 世纪中期）
通高 60.5 厘米，口径 40.8 厘米，
腹径 46.3 厘米，足径 32.8～37.5 厘米
1989 年江西省新干县大洋洲出土
江西省博物馆藏

侈口，斜折沿，方唇，高领，宽折肩，近圆腹略收，高圈足外撇。颈上饰三周凸弦纹，肩部饰四组展体式环柱角兽面纹，兽面间置高浮雕羊首，羊角外卷、臣字突目、扉棱长鼻及螺旋状凸鼻孔。腹部以勾戟状长扉棱分隔出四组与羊首同轴的高浮雕兽面纹。圈足上部饰三周凸弦纹，分布四个"十"字形镂空，下部饰四组展体式环柱角兽面纹。

罍为盛酒或盛水的器物，容量较大，多用于重大的祭祀和宴飨场合。铜罍出现于商代早期，商中期以后，铜罍大量出现，流行至春秋时期。此件铜罍融合了商代前期与殷墟时期中原铜罍的特点，只是形体更高大，腹更浅，有学者推测其铸造年代应在殷墟中晚期。

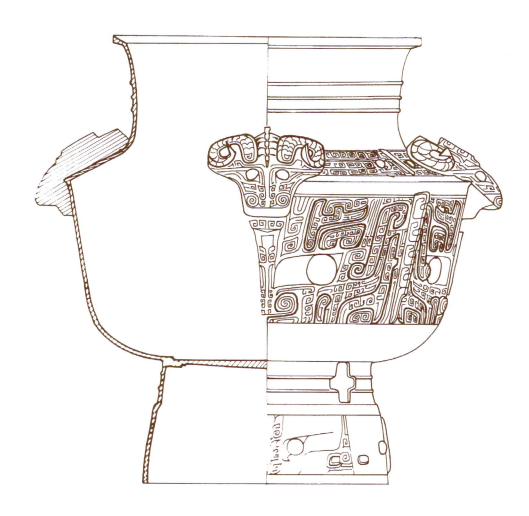

三足提梁铜卣

商（公元前16世纪～前11世纪中期）
通高37.5厘米，足高8.8厘米，
口径8.9厘米
1989年江西省新干县大洋洲出土
江西省博物馆藏

卣敛口，带盖，颈、肩、腹连为一体，自上而下外鼓，垂腹，圜底，三空心锥足。肩部铸两贯耳状小钮，上套一扁平环形提梁，提梁两端做成龙首。提梁一边内侧有小钮，通过套环与盖相连。器身布满细线条纹饰：颈部饰四组变形兽面纹，上下以连珠纹作界栏；腹上部为三组外卷角无身兽面纹，腹下部为六组展体式外卷角兽面纹。盖面饰宽线条的变体龟纹，与器身纤细的纹样风格迥异，显系后配之物。

此器的盖、提梁、卣腹和卣足分别铸造而成。三足中空，卣外底有烟炱痕迹，表明曾在其下生火温酒。该器铸造接缝极细，最细处宽不足0.5毫米。根据器盖的纹饰风格，可推知该器盖是后配的。器底外部残留圈足遗痕，说明三足是后来改制添加的。

兽面纹方腹提梁铜卣

商（公元前 16 世纪～前 11 世纪中期）
通高 28.0 厘米，口径 7.3 厘米，
腹宽 11.1 厘米，足径 8.4 厘米
1989 年江西省新干县大洋洲出土
江西省博物馆藏

带子口盖。卣敞口，长颈，方腹，下承略撇圈足。肩两侧铸环钮，连接扁平状环形提梁，提梁两端做成倒置的兽首，嵌铸于肩部的小钮上，内侧亦有小钮，通过蟠蛇形套钮与盖相连。器表满布纹饰：盖面饰两组简体兽面纹，提梁外饰三排垂鳞纹，口沿下饰夔纹，颈上部饰简体式兽面纹，而下部饰环柱角展体上卷尾兽面纹，腹部方槽四周饰兽面纹和兽目交连纹，圈足有镂空花纹。

该器分铸铸接成形，器盖、提梁以及蛇形环钮各自分铸，器体浑铸，之后通过销子等铸接于一体。方腹中央的"十"字形透空槽穴，使器腹外形成上下双层底，器腹内形成有通向四壁的"十"字形管道，因此既可用炭火在双层底之间加温，又可浸入沸水中烫酒。

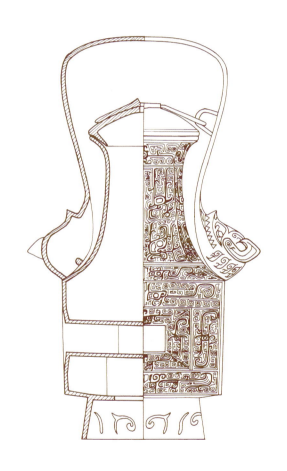

铜瓒

商（公元前 16 世纪～前 11 世纪中期）
通高 16.5 厘米，觚高 13.7 厘米，
口径 13.2 厘米
1989 年江西省新干县大洋洲出土
江西省博物馆藏

此器为杯形体，敞口、尖唇，微束腰，圈足外撇。下腹和圈足各饰一周兽面纹，两周兽面纹之间有三道凹弦纹，上饰三个等距离的"十"字形镂空。腹足交接处斜出圭状尖首柄，表面饰兽面纹。

《诗经·大雅·旱麓》载"瑟彼玉瓒，黄流在中"，即为此物，为先秦时期使用的挹酒勺子。每当盛大的祭祀须行祼礼，君主用瓒从罍等大型贮酒器中挹取鬯酒，然后缓缓地将酒注于地上，以祭享自己的祖先。

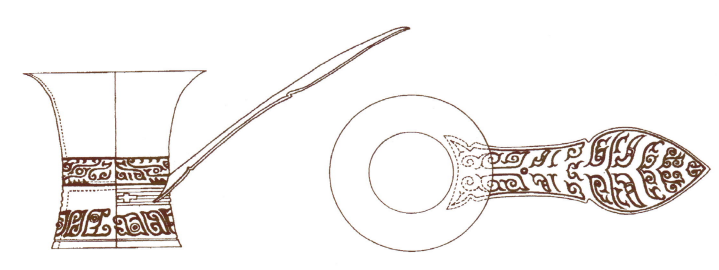

青铜乐器是夏商周三代音乐文化中
最具代表性的历史遗存。
商代青铜乐器与
"经国家，定社稷，序人民"的礼器并重，
祭祀、丧葬、征伐、宴飨等
大型礼仪场合无不用乐。
新干大洋洲出土了4件青铜乐器，
其富有地方特色的装饰纹样刻画细腻，
表明当地已经掌握了精湛的青铜乐器铸造工艺，
折射出商代江南发达的礼乐文化。

015

牛角兽面纹铜铙

商（公元前 16 世纪～前 11 世纪中期）
通高 31.6 厘米，舞纵 11.4 厘米，
舞横 17.5 厘米
1989 年江西省新干县大洋洲出土
江西省博物馆藏

此铙上立环钮，器体立面呈梯形，截面椭圆，口平。器表满布三层花纹：主题是浮雕牛角兽面纹，面朝下，宽鼻，小耳，双牛角内卷成圆形，围抱一燕尾纹组成的圆环。浮雕纹饰之上阴刻雷纹，周边为燕尾纹。铙身两侧铸扉棱，与舞部连接处各伏一尖嘴突目鸟。

铜铙是大型打击乐，从中原地区的铜铃发展而来。此铙所装饰的燕尾纹是新干青铜器的特色标志，鸟形扉棱是赣江流域青铜器的一大特色。整器风格更接近于新干本地的式样。有学者认为大概商早期，中原地区的铜铃传至长江以南，后来当地尺寸不断增大，失去舌而变成了用捶打击的铙。此件铙是已知此类器物时代最早的考古发掘品，它的出现为确立铙起源于南方提供了依据。

合瓦形腔铜铙

商（公元前 16 世纪～前 11 世纪中期）
通高 41.6 厘米，甬长 17.6 厘米，
舞纵 13.4 厘米，舞横 22.2 厘米
1989 年江西省新干县大洋洲出土
江西省博物馆藏

铙腔呈合瓦形，无旋，长甬，中空与腹通，平舞，尖铣。器表布满细而深的阴刻纹饰：主体纹样为几何形勾连雷纹，钲部饰卷云纹，钲两侧为椭圆形的巨大突目，器身周边、舞部和隧部均饰有疏朗而对称的卷云纹。

铙是我国最早使用的青铜打击乐器之一，不仅用于军旅，也可用于祭祀和宴乐。整个器物浑铸成形，出土时器表有涂过朱红色的痕迹。新干大墓出土了 3 件青铜铙，并非成套乐器，放置在墓主人身边。有学者推测新干大洋洲青铜乐器可能既无军事用途，也非用于祭祖，可能象征了来自不同地方的氏族或部落，显示了墓主人的影响范围，象征其权威。

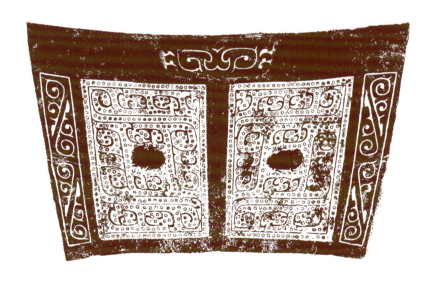

三

兵戎相见

"国之大事，唯祀与戎"。

利刃的多寡不仅体现了军事实力，

用于仪仗，更是权力的象征。

在新干大洋洲的青铜器遗存中，

兵器几近半数，

它们在中原商文化与新干本土文化的碰撞中，

或保持或吸纳，或传统或创新，

兵戎之间，展露中国青铜文化一体多元的

交流融汇过程。

017

方内铜钺

商（公元前 16 世纪~前 11 世纪中期）
通高 36.5 厘米，肩宽 26.7 厘米，
刃宽 36.3 厘米
1989 年江西省新干县大洋洲出土
江西省博物馆藏

钺身较宽，刃微弧，整体形制刃宽大于肩宽，方内短窄，上有一长方形穿，平肩上有两长方形穿。钺体中部开一马鞍形镂空，形近嘴角略翘的大咧口，露出 2 排 11 颗三角形利齿，环饰燕尾纹一周；肩下及周边均饰目雷纹带，纹中宽凹线中有嵌饰红铜的痕迹。出土时器表有明显的织物包裹痕迹。

钺的作用类似于战斧，同时也象征征伐权力。这种权利既属于天子，也适用于诸侯和重臣，因此，钺又有仪仗作用。整器装饰风格可以看到湖北盘龙城、山东益都的青铜钺影子，而钺身所饰燕尾纹，具有江西本地吴城文化的典型特点。参考殷墟妇好墓、山东益都苏埠屯一号墓出土的铜钺数量和规格，有学者推测新干大洋洲器物群的所有者也应该是赣江鄱阳湖地区某一代方国的首领。

短柄翘首铜刀

商（公元前 16 世纪～前 11 世纪中期）
通长 43.4 厘米，刀身宽 4 厘米，
柄长 9.9 厘米
1989 年江西省新干县大洋洲出土
江西省博物馆藏

刀口平齐，刀首翘起，刀口的前端呈尖嘴靴形。刀脊弯曲度更大，本部也显得更宽。柄较长，脊厚，脊背上饰网格纹。

刀作为砍杀兵器，在商代晚期已有较多发现。此刀背脊装饰燕尾纹，出土时伴有铜环，当为固定刀把所用。

以往此种大刀仅出土于大、中型贵族墓中，表明拥有者是商代社会地位较高的贵族或王室成员，体现了等级特权。新干大洋洲商墓发掘的大刀 15 件，体量、质量均在妇好墓同类器之上，其拥有者无疑具有极高的社会地位。

兽面纹铜胄

商（公元前 16 世纪～前 11 世纪中期）
通高 18.7 厘米，口径 21.0 厘米 ×18.6 厘米
1989 年江西省新干县大洋洲出土
江西省博物馆藏

此铜胄为圆形帽顶，正面下方开一长方形缺口，左右及后部向下延伸，以保护耳和颈。正面有脊棱，直通头顶。顶部有一圆管，用以安插缨饰。正面以脊棱为中线，饰一浮雕式兽面，双耳作斜长方形，双角斜上外卷。

胄是作战时保护头颈部的用具。此胄壁厚仅 0.3 厘米，因此并不会有笨重之感。整个器物浑铸成形，由底沿倒立浇铸成形。青铜胄在新干大洋洲商墓中只此一件。

曲内铜戈

商（公元前 16 世纪～前 11 世纪中期）
通长 25 厘米，内长 6.7 厘米，
内宽 3.3 厘米，阑宽 7.2 厘米，
援宽 5.4 厘米
1989 年江西省新干县大洋洲出土
江西省博物馆藏

铜戈直援接近三角形，凸脊，两侧有凹槽，后有一圆穿，穿侧各饰一变体卷尾龙纹。上阑短，下阑长。内部狭窄，中有圆穿，端上角弯曲，呈上卷鸟喙状，两面均饰目雷纹。出土时，内之近阑部残留木质。

此戈基本造型、纹饰均为典型的殷墟风格，但其鸟喙状曲内与新干夔形扁足鼎的扁足相似，融入了鲜明的地方特色。有学者认为，新干铜戈的文化特点表明了南方土著文化在接受中原文化的同时，又融入了自身传统的因素。

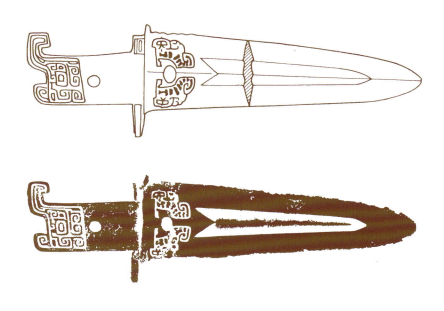

多棱锥形铜鐏

商（公元前 16 世纪~前 11 世纪中期）
通长 13 厘米，径 2 厘米
1989 年江西省新干县大洋洲出土
江西省博物馆藏

鐏呈倒置的六棱锥形，上开口，下钝闭，近銎口一段加厚为圆形。内中空，呈圆锥形。

鐏装于戈柲的下端，以纳柲体。其底多尖角，以使戈能插在地上。

青铜戈各部位名称示意图

有阑曲内虎首铜戈

商（公元前 16 世纪～前 11 世纪中期）
通长 26.5 厘米，内长 7 厘米，
内宽 3.1 ～ 3.8 厘米，阑宽 6.1 厘米，
援宽 4.8 厘米
1989 年江西省新干县大洋洲出土
江西省博物馆藏

铜戈为三角锋，长条状援，刃微凹，上下有阑，虎首形曲内，内中一穿。援后近阑处的两面饰有三角形蕉叶状纹，内两面饰阴线简体环柱角变形兽面纹。内首弯曲成虎首状，圆眼（眼嵌绿松石），张口露齿。

此件铜戈脊厚刃薄，外轮廓平滑流畅，弧曲适度，重量分布均匀。虎的装饰纹样在新干青铜器中大量出现，内端的虎首状及其纹饰显示此件铜戈并不是普通士兵的杀敌利器，而是王侯贵族装备的兵器，其与众不同的装饰手法，显示出他们高贵的身份和地位。

玉瑹

商（公元前 16 世纪～前 11 世纪中期）
通高 6.5 厘米，大端径 3.2 厘米，
孔径 0.9 厘米
1989 年江西省新干县大洋洲出土
江西省博物馆藏

　　质地为岫玉。短圆柱体，呈牙白色，有墨缘斑，两端齐平，中腰较细，上端较直，下端呈喇叭形。器表有凸弦纹三组，两端面中心有圆孔，孔由两端对钻穿通，孔内侧有绽痕，体表抛光。

　　出土时有一件玉瑹的小端垂直地置于一把虎首戈的下阑处，安阳小屯的墓葬中也发现此种圆形玉饰成对系缚于铜戈。可见，此物是戈秘上的装饰饰件，也透露出铜戈的功能更趋近于仪仗和祭祀功能。

虎首铜戈与玉瑹出土情况

柳叶形玉矛

商（公元前 16 世纪～前 11 世纪中期）
长 18.5 厘米，宽 4.8 厘米
1989 年江西省新干县大洋洲出土
江西省博物馆藏

玉矛为透闪石质，灰黄色。柳叶形，中厚隆起成脊，两侧边薄为刃，前锋为锐尖角。末端两面中心部位均有一浅凹槽，凹槽尾端有三角形缺口，两侧各钻一直径 0.3 厘米的小孔，凹槽前方有一直径 1.1 厘米圆孔。

玉矛数量稀少，极为珍贵。殷墟曾出土过铜骹玉矛，玉矛嵌入蛇形铜骹中。这件玉矛有可能同样是嵌合在铜骹中，也有可能是直接固定在木柲上的。

短骹铜矛

商（公元前 16 世纪～前 11 世纪中期）
通长 11.8 厘米，骹长 1.8 厘米，
骹宽 1.6 厘米，叶末宽 3.8 厘米
1989 年江西省新干县大洋洲出土
江西省博物馆藏

　　铜矛呈柳叶形，骹特短，不及叶之五分之一。骹截面为八边形，叶下三分之二处形成凸脊，凸脊两旁有带边弧的浅槽，凹槽部分残有镶嵌的绿松石。骹两侧各置短突，有环系。

　　矛是用于冲刺的兵器，故又称作刺兵。铜矛始见于商代早期，殷墟时期矛已大量出现。新干大洋洲共出土青铜矛 35 件，此件矛的骹部特别短，八面形，入骹之秘短窄，不适宜剧烈的格斗，骹旁双系孔可悬挂饰物，因而可能主要用作仪仗。

长脊宽翼铜镞

商（公元前 16 世纪～前 11 世纪中期）
通长 10 厘米，翼宽 8.4 ～ 8.8 厘米
1989 年江西省新干县大洋洲出土
江西省博物馆藏

　　锋较大，刃部微弧，两翼镂空，脊呈菱形，铤不超翼，翼角薄锐。在铜镞的式样中非常少见，为本地吴城文化土著型器物。

长脊窄翼铜镞

商（公元前 16 世纪～前 11 世纪中期）
通长 8.4 ～ 9 厘米，翼宽 4.3 ～ 4.9 厘米
1989 年江西省新干县大洋洲出土
江西省博物馆藏

这种铜镞锋角锐利，刃部微弧，两翼镂空，边缘有折棱，脊部呈菱形，翼角锐，铤长于两翼。其造型融合了殷墟风格和本地的窄翼特色。

镂空铜锋刃器

商（公元前 16 世纪～前 11 世纪中期）
通长 32 厘米，体宽 4.4 厘米
1989 年江西省新干县大洋洲出土
江西省博物馆藏

扁体长弧曲状，自后而前略收，至末端收成三角形的尖锋，体中部镂空出六组燕尾纹孔。后部为中空的椭圆形銎，口沿加厚一周，并有一穿。銎表两面满饰一蕉叶纹，内填阳线卷云纹组成的兽面，线条粗犷流畅。

刃部镂空出六组燕尾纹孔，是新干特色的装饰风格。整个器物形制奇特，在商周铜器中罕见。具体功用不明，有专家认为是兵器。

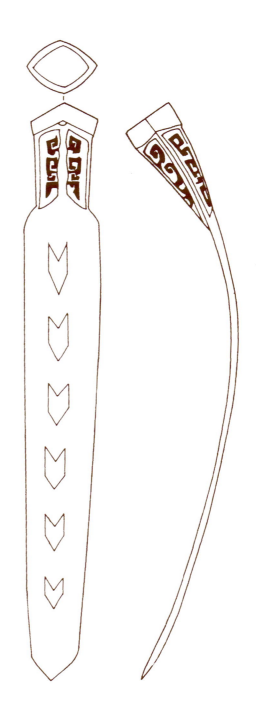

四

农耕稼作

在中原青铜文化当中，
青铜农具的发现是非常罕见的，
而在南方却较为常见。
农具在较早的时代被视为财富，
或拥有农业生产者的标志物而被随葬，
新干大洋洲所发现的青铜农耕器具、
制造工具，
其纹样的描绘，已经超越农业生产，
而是更具象征意义的典礼农具。

铜砧

商（公元前 16 世纪～前 11 世纪中期）
通高 9.3 厘米，第一层高 3.8 厘米，
第二层高 5.5 厘米，长 14 厘米，
宽 13 厘米，孔径 1.2 ～ 1.3 厘米，
重 8 千克
1989 年江西省新干县大洋洲出土
江西省博物馆藏

铜砧是一种捶打金属器物的工具，与现今乡间铁匠铺所用铁砧形状无大的区别。作用也可能相仿。顶面平整，可垫托被捶打物件，台阶可用来垫托弯曲的物件。平底有一直径 1.2 厘米的孔洞，可与圆锥配合使用。

铜修刀（2件）

商（公元前 16 世纪～前 11 世纪中期）

左：通长 13 厘米，体宽 3 厘米，
刀宽 3.4 厘米

右：通长 16.6 厘米，体宽 3.3 厘米，
刀宽 3.8 厘米

1989 年江西省新干县大洋洲出土

江西省博物馆藏

此二刀呈竖直的宽刃形。体薄，柄部凹进便于握持，下为宽弧刃。双面的柄部及上段的刀体均饰以"V"形纹组成的折线纹为边饰，中填目纹、卷云纹、倒三角纹和弦纹。

修刀仅见于新干大洋洲，共出土 6 件，是地方特色鲜明的工具。近代皮匠有相似形状的刀，其柄适于把握，利用腕力裁割韧性大的皮质等材料，此刀功用可能与之相近。

兽面纹平口狭刃铜斨

商（公元前 16 世纪~前 11 世纪中期）
通长 15.2 厘米，刃宽 4 厘米，
銎径 4.5 厘米 ×3.4 厘米
1989 年江西省新干县大洋洲出土
江西省博物馆藏

　　铜斨主要用作砍伐工具。此件整器呈束腰长条形，截面为长方形，刃部微有弧度。阳线雕刻纹饰突出、醒目。作为农具，如此大费周章的装饰，应该与实用性关系不大。

铜犁铧

商（公元前 16 世纪~前 11 世纪中期）
长 10.7 厘米，肩宽 13.7 厘米，
銎高 1.9 厘米
1989 年江西省新干县大洋洲出土
江西省博物馆藏

　　扁三角体。立面呈倒置等边三角形，截面为钝角三角形。前面正中隆起出脊。前、后两面均饰三角形纹，内为简体兽面纹和云雷纹。

　　铜犁铧从新石器时代的石犁发展而来，是平整土地的重要农具，与耒、耜等工具相比，其翻土深度更浅，佢速度要快得多。新干大洋洲共出土铜犁铧两件，金属犁铧的出现，往往伴随着牛耕的使用，这是关系到中国农业史的重大问题。

　　农具上带有纹饰，说明这批青铜农具不是普通劳动者使用的，而是高贵的统治者专用工具，或作为亲耕"藉田"时使用的礼器。

溜肩铜铲

商（公元前 16 世纪～前 11 世纪中期）

通长 13.5 厘米，宽 11.2 厘米，

銎径 3.5 厘米 ×6.6 厘米

1989 年江西省新干县大洋洲出土

江西省博物馆藏

宽薄体。扁圆銎，斜弧肩，前面微凹，下为方弧刃。銎管前饰双目纹。外沿下饰一周连珠纹，这种纹饰在江西本地吴城文化出土的陶器中大量使用，一般认为青铜器纹饰借鉴于陶器。

铜铲是从新石器时代的石铲和骨铲发展而来的，是铲土、耘苗、除草和松碎表土的农具。新干大洋洲商墓出土的铜铲以此种圆銎铲居多，地方色彩明显。

五

巧琢美石

对于玉的特殊的崇拜，

并不显见于其他的文明，

但是在中华文化当中玉石却始终有特殊的含义。

早在青铜时代之前，

礼器便以玉石为材，

成为人们彰显地位与沟通神灵的媒介。

新干大洋洲玉器群既具有

商代古玉普遍共性，

又带有某些个性的双重特征，

其工艺显示了赣江流域商代文明的最高水平。

034

侧身羽人佩饰

商（公元前 16 世纪～前 11 世纪中期）

通高 11.1 厘米，身高 8.4 厘米，

厚 1.5 厘米

1989 年江西省新干县大洋洲出土

江西省博物馆藏

羽人为叶蜡石类玉石，在整个新干商墓中，该类玉石质器物仅此一件，整器呈枣红色。采用圆雕加浮雕琢成，作侧身蹲坐状，两侧面对称。羽人头顶鸟形高冠，"臣"字目，粗眉，大耳，高长鼻内钩似象牙，嘴呈喙状。头顶后部用掏雕法制出三个相连的链环。双臂前曲于胸前，手指向内，双膝上耸。在腰背部两侧雕有羽翼。链环与羽人为同块料雕刻而成。

对比殷墟妇好墓出土侧身玉人，可见南方古代民族在仿琢殷商玉器时，更多融入了新的文化因素，创意来自于当地土著居民固有的传统精神风貌，是该地区土著居民鸟图腾和鸟崇拜的一种遗俗和变异。

此外，羽人的环链采用掏雕工艺，技术水平要求极高，它的出现纠正了以往认为掏雕环链工艺起始于明代的传统看法。

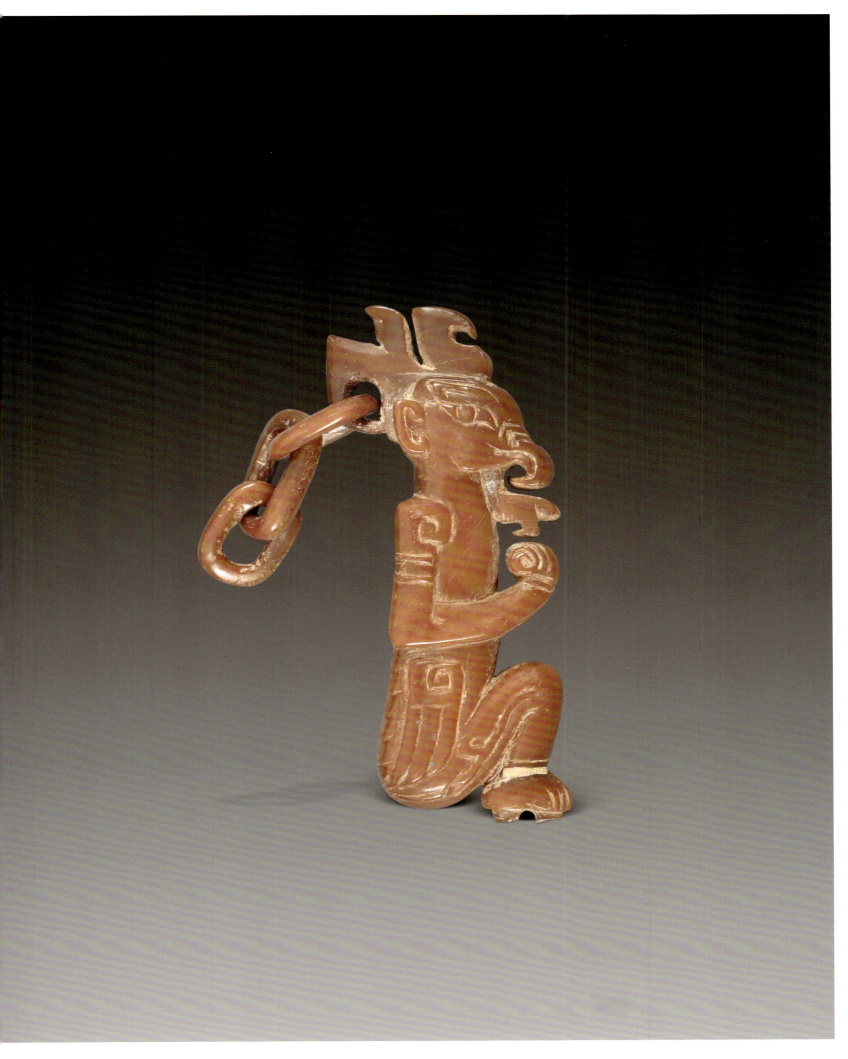

虎形玉扁足（3 件）

商（公元前 16 世纪～前 11 世纪中期）
通高 17.7～18 厘米，
最宽 4.7～5.5 厘米，厚 0.5 厘米
1989 年江西省新干县大洋洲出土
江西省博物馆藏

扁足呈灰白或灰黄色，3 件造型基本相同，扁平长条状，周边镂挖成形。3 件一组，阴线勾勒边缘。整体造型与铜鼎的虎形扁足相似。出土时还可见它们的下段用朱砂绘出的瓣状鳞片纹。有学者推测认为这组虎形玉扁足可能是嵌于漆鼎下的器足。

有阑玉戈

商（公元前 16 世纪～前 11 世纪中期）
通长 46.5 厘米，援下宽 10 厘米
1989 年江西省新干县大洋洲出土
江西省博物馆藏

玉戈为透闪石质，青灰色。内端近方形，末端斜状，内前段有圆穿。阑两侧挑凸，有齿槽，阑部阴刻菱形图案，三条平行线做边框。援较宽，上刃略拱，下刃微内弧，有阳文脊线和边刃。锋端呈三角形。

玉戈是商代玉器出现的新品种，作为重要的仪仗器，用于礼仪和祭祀，它反映了商代战事的频繁和礼仪的多样。

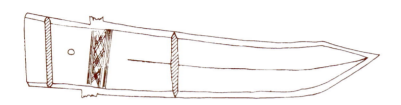

高领玉璧

商（公元前 16 世纪~前 11 世纪中期）
直径 16.8 厘米，孔径 7.2 厘米，
领高 1.9 厘米
1989 年江西省新干县大洋洲出土
江西省博物馆藏

鳞铝石质，色呈绿、黄和灰白。体扁薄而匀称，中心有对钻大圆孔，孔径略大于一侧边，周围两边有凸棱。两面抛光，边上饰六组同心圆线刻，每组由一条粗线和两条细线构成。

此类玉器在商代多出自规模较大的墓葬或祭祀坑中，包括新干在内，出土地点遍及殷墟妇好墓、广汉三星堆祭祀坑、金沙、湖南宁乡黄材等地。

有学者认为其功能可能是手腕的装饰品与保护品，由于饰同心圆，表面抛光较好，有的还有具有反射光的眩目效果。

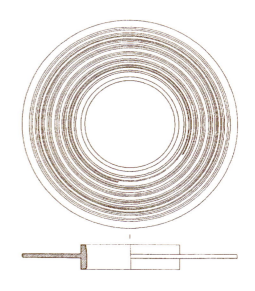

蝉纹玉琮

商（公元前 16 世纪～前 11 世纪中期）
通高 7 厘米，射高 0.5 厘米，
射径 8.4 厘米
1989 年江西省新干县大洋洲出土
江西省博物馆藏

鳞铝锂石质，呈灰黄色，有紫斑和黄褐斑点。玉琮外方内圆，上小下大，两端面平，体外浮雕四块对称的方形凸弧面，中间一浅凹槽将方弧面和琮体分为上下两节，砣轮切割痕明显。方弧面浮雕蝉纹，上下蝉尾相对，蝉大头圆眼，宽翼尖尾。上下节的四面中部，各刻阴线两周。器体规范，表、里均经抛光。

这件玉琮上的蝉纹和装饰位置，均仿效良渚文化。良渚文化玉琮的样式在夏、商时期得到继承和发展，殷墟妇好墓出土玉器、三星堆出土玉器、金沙出土玉器上均可见到砣制的痕迹，新干玉器的砣制工艺应是对这一传统的继承。

蝉纹玉柄形器

商（公元前 16 世纪～前 11 世纪中期）
长 20 厘米，宽 2.2 厘米
1989 年江西省新干县大洋洲出土
江西省博物馆藏

　　透闪石质，呈灰色，有蜡状光泽。器为长方条体，两端中心对钻穿孔；柄端四周凸起，柄部饰凹弦纹四组；器身以三道细凹弦纹分为三节，每节又以宽浅凹槽分为两组，每组饰浅浮雕蝉纹，组间蝉首相对；下端收缩成方形榫状，底沿也有一周凸起。

　　玉柄形器首先出现于良渚文化时期，殷墟也曾出土。关于玉柄形器的用途众说纷纭，有学者认为是佩饰；也有学者认为它是某种插于器座上的器物；此外，商周时代柄形器常出土于尸骨的胸、腹、肘等重要部位，其造型基本为长条扁方形，有学者因此推断它可能是为纪念祖先亡灵而琢制的一种高级祭祀性礼仪玉器（如近代的木制牌）。

长管形玉饰

商（公元前 16 世纪～前 11 世纪中期）

长 16.3 厘米，宽 2 厘米

1989 年江西省新干县大洋洲出土

江西省博物馆藏

透闪石（隐晶质）质，呈灰白色，半透明。玉饰两端平齐，一端较大，呈圆形，另一端较小，呈椭圆形，两端中心对钻穿孔连通。器表上下及中部等距离雕饰一组凸弦纹，每组三周。

长条形玉饰

商（公元前 16 世纪～前 11 世纪中期）

长 17.6 厘米，宽 1.5 厘米

1989 年江西省新干县大洋洲出土

江西省博物馆藏

透闪石（隐晶质）质，浅灰色，微透明，内有棉纹。整器长条扁体，横截面呈椭圆形。两端有扁榫，一端榫上有穿孔，另一端榫顶部有凹槽，凹槽中间竖穿孔与另一端横穿孔相连。两端榫下部均横刻三周凸弦纹为边。器物下端出榫头，是玉器利用与放置方法的进步。带榫的玉器可以插入器座，一是方便利用，二是有益于玉器的保护和保存。

鱼形玉饰

商（公元前 16 世纪~前 11 世纪中期）
长 4.5 厘米，宽 1.3 厘米，厚 0.4 厘米
1989 年江西省新干县大洋洲出土
江西省博物馆藏

呈牙白色，素面。头呈三角形，颈下有一对鳍，腹部平直，腹两侧微鼓，腹中部有圆孔，下端分叉，呈鱼尾形。

此件玉饰整体光素，扁平，腹中部有圆通孔，可穿线，应为坠饰，具有装饰用途。

圆形玉饰件

商（公元前 16 世纪~前 11 世纪中期）
通高 2.8 厘米，圆径 4.7 厘米，
孔径 1.8 厘米
1989 年江西省新干县大洋洲出土
江西省博物馆藏

透闪石质，呈牙白色，有黄褐斑，不透明。矮圆柱形。通体抛光，一端平齐，一端为斜面。中部宽槽将器物分为上下两节，外壁浮雕纹。

044

绿松石蝉

商（公元前 16 世纪～前 11 世纪中期）
长 4.6 厘米，宽 1.5 厘米，厚 1 厘米
1989 年江西省新干县大洋洲出土
江西省博物馆藏

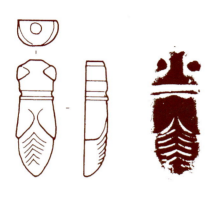

绿松石质。浮雕技法，头顶两侧突起椭圆形双目，颈部微束，背有脊棱，双翼较短且收敛，尾部较长，上刻人字形羽纹。头顶前端有一圆孔直穿腹部，可佩带。

商代动物形玉雕造型多样，形象生动，风格朴拙且极富艺术感染力。由于动物造型来源于现实生活，其表现的动物多为高度写实。这件绿松石蝉双眼突出，强调刻画了动物的形体特征。整体形象简洁明快，不追求形体的细部刻画，而强调其具有代表性的某部位的形象美，使动物的形体特征表现得淋漓尽致，形象灵动可爱。

045

绿松石蛙

商（公元前 16 世纪～前 11 世纪中期）
长 1.7 厘米，宽 1 厘米，厚 0.5 厘米
1989 年江西省新干县大洋洲出土
江西省博物馆藏

绿松石质。体形细小，浮雕，制作精致，蛙作匍匐状，半圆头，嘴合闭，圆眼睛，四肢弯曲，两侧腹鼓胀，短尾。腹部底部平齐，底腹上横刻有宽 2 毫米的凹槽，以作镶嵌装饰。

有学者认为新干出土的蛙形玉饰与蛙崇拜有关，体现了先民一种古老的原始崇拜，反映了从事稻作农业的民族祈雨祷水，企盼丰收的美好愿望，是远古神话的具体展现。

60

水晶套环

商（公元前 16 世纪～前 11 世纪中期）
小环：直径 5 厘米，孔外径 2 厘米，
厚 1.1 厘米
大环：直径 7 厘米，孔外径 5 厘米，
孔内径 3 厘米，厚 1.4 厘米
1989 年江西省新干县大洋洲出土
江西省博物馆藏

全器无色透明，呈玻璃光泽。两件制品形制相同，大小相次，出土时小环套在大环上。器体规矩正圆，正面和两侧边各琢出一道脊棱。

水晶的化学成分为二氧化硅，硬度高，此套水晶环的圆、弧和棱的琢磨细致，做工考究，可见商代的水晶制作水平已经相当高超。

水晶在中国古代是一种珍贵的物品，佩戴水晶饰品亦是身份地位的象征。

与中原地区进入青铜时代后，
陶器工艺停滞不前甚至退步相比，
东南地区拥有烧制质地坚硬、
色泽美观陶瓷器的原料和技术。
新干陶瓷器在南土陶瓷业发展的
洪流中裹挟前行，
陶器上并存着中原文化因素
与吴城文化因素，
釉陶与原始瓷则几乎
是纯粹的本地之物。

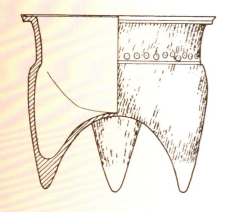

047

陶鬲

商（公元前 16 世纪～前 11 世纪中期）
通高 14.5 厘米，口径 15 厘米
1989 年江西省新干县大洋洲出土
江西省博物馆藏

　　夹砂灰陶器。胎体较软。侈口，折沿，方唇，高颈下略收，颈、腹间略有折。裆部较高，为联裆式。身为轮制，底和空心足为手制。方唇上饰凹弦纹，颈下部有一周圈点纹，器身满布细绳纹。

　　这件陶鬲是典型南北文化融合的产物。鬲是商代中原地区最典型的器类，在江西地区土著文化在商代以前从未发现过鬲，商代中期才出现鬲，而且新干鬲的质地为中原常用的软陶，这说明新干陶鬲受中原商文化的影响非常明显。但另一方面，商代中原陶鬲均为分裆，而这件陶鬲却是拱形联裆；此外，此鬲器身满饰绳纹，也与商文化陶鬲风格大异。

原始瓷折肩盖罐

商（公元前 16 世纪~前 11 世纪中期）
通高 13.5 厘米，口径 7 厘米，
底径 6.5 ~ 8 厘米，腹径 11 厘米
1989 年江西省新干县大洋洲出土
江西省博物馆藏

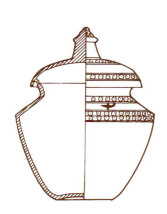

原始瓷器。胎质较粗，制作规整，火候较高，表面施有一层薄釉，部分脱落。肩部有刻划符号。

新干大洋洲出土硬陶、原始瓷罐 33 件，其中罐的数量最多。江西本地的商代吴城文化墓葬中，鬲、罐两种器物是最为基本的组合。小口折肩罐是吴城文化中最常见、最重要、最具特色的一种陶瓷器。

原始瓷筒形器

商（公元前 16 世纪～前 11 世纪中期）
通高 14.5 厘米，口径 8.5 厘米，
底径 10 厘米
1989 年江西省新干县大洋洲出土
江西省博物馆藏

原始瓷器。敛口，尖唇，筒形深腹高且直。腹上下各刻划一圈燕尾纹，方向相反。

该器造型别致，制作精美。其器身所饰燕尾纹，与新干青铜器上的燕尾纹近似，是典型的地方性纹饰。

原始瓷高领罐

商（公元前 16 世纪～前 11 世纪中期）
通高 24.4 厘米，口径 16.5 厘米，
底径 16 厘米
1989 年江西省新干县大洋洲出土
江西省博物馆藏

原始瓷器。表面有黄褐斑。敞口，直颈，折肩，腹上段斜收，下段近直，平底。

此器装饰本地吴城文化特色的圈点纹、凹弦纹，肩部有刻划符号。关于符号的文化内涵，有专家认为它是戈人的族徽，江西戈人原居北方，夏被商取代后一支迁移而来，成为吴城文化的创造者之一，但学术界尚无定论。

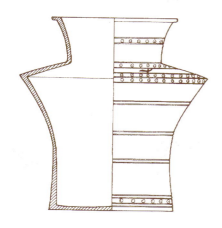

第二章

南汇北通

Connecting the South and the North

赣江，作为"黄金水道"，
自古以来便是江西省南北流灌的最大河流。
千里赣江也是吉安的母亲河，
孕育和造就了庐陵古郡。
千百年来，舟楫穿梭，帆樯林立，江中竹木排架，
流入长江，输往各地。
"一个包袱一把伞，走到外面当老板"，
庐陵儿女走南闯北，实现家与国的梦想。

The Gan is the biggest river flowing south-north in Jiangxi Province, well known since ancient times. As a "golden channel", it is the mother river of Ji'an, giving birth and contributing to the development of the ancient city of Luling (the name of Ji'an in ancient times).

For thousands of years, vessels and boats have operated along the river, their masts lined up like forests; wooden and bamboo rafts also shuttled to and fro. It was a major route to the Yangtze River, enabling easy travel to various places around the country. "With a bag and an umbrella, we venture forth to become entrepreneurs." The people of Luling have long been venturing far and wide to fulfill their dreams and ambitions.

秦始皇二十六年（公元前221年），秦军南征百越，
后又派兵驻屯五岭。军队经庐陵扩展延伸到赣江上游，
过梅岭、入粤境。

秦始皇三十三年（公元前214年），
朝廷又派遣50万大军驻屯五岭，守南岭一军，
溯赣江而上，庐陵是必经的"通南越道"。

三国东吴大都督周瑜操练水军于鄱阳湖，
据传也到了庐陵巴邱。

西晋以来中原地带战乱频发，庐陵地处江西腹地，
相对安静，也便成为了北人南迁的家园之一，
由此带来了文化的碰撞与融合，
造就了丰富多彩的庐陵文化。

唐玄宗开元四年（716年），张九龄开凿了穿越大庾岭、
南达广州的驿道。

下鄱湖，衔长江，接运河，
赣江此后更加成为了岭南通往长江流域的南北交通大动脉。

至南宋，赣江沿岸码头云集，粮、油、麻、瓷产品、竹木原料，
四面八方商品或上岸或装船，集散各地，
沿江客栈鳞次栉比，商贸繁荣，宗教鼎盛。

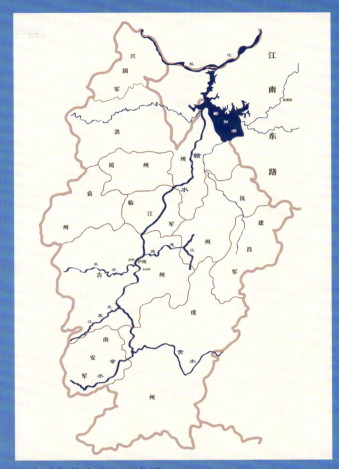

南宋时期赣水流向示意图

渼陂古村的古商业街景

青釉双耳鼎

汉（公元前 206 ～ 220 年）

口径 18.20 厘米，腹径 18.20 厘米，
足高 5.10 厘米，耳高 4.40 厘米，
通高 18.9 厘米

安福县博物馆藏

鼎最早是煮食用的陶质炊具，首见于新石器时代河南新郑裴李岗和河北武安磁山文化遗址。战国至汉代出现铅釉陶和原始瓷鼎。此类青瓷鼎仿铜器式样，多作为随葬品。

青釉唾壶

东汉（25 ~ 220 年）
口径 4.8 厘米，腹径 7.5 厘米，
底径 3.7 厘米，高 6 厘米
江西省吉安市永和乡易家村出土
吉州窑博物馆藏

胎质黄白，略显粗松。唾壶呈扁鼓腹，腹部印刻数道水波纹，底足无釉。整器釉面通体剥落，仅剩胎衣。

唾壶又称"唾盂""渣斗""唾器"，为古代贵族宴饮时盛放唾弃鱼骨或兽骨的容器，属于卫生洁具，一般放置在人起坐的近旁。瓷质唾壶始见于东汉，三国、两晋时开始流行。可见此器为较早者。

青铜兽

三国吴（222 ～ 280 年）
长 14.8 厘米，高 14.5 厘米
1993 年江西省吉安市吉水县
东吴二号墓出土
吉水县博物馆藏

该兽虎头马身，作昂首长啸状，夹尾，两后腿之间夹有雄性生殖器。身饰条纹间有圆圈纹。

东吴二号墓为"东汉大型藻井砖室土墩墓"，建于三国东吴晚期，距今已 1700 多年了。目前位于吉水县博物馆内，呈"品"字型，外观酷似一座欧洲中世纪的城堡，大墓均使用干砌法，砖与砖之间没有使用任何的黏接物。历史上被多次盗掘，但就其形制而言，堪称"江南第一墓"。

青瓷连托烛台

南朝（420 ～ 589 年）
通高 7.3 厘米，口径 2.6 厘米，
盘径 11.2 厘米，底径 5.7 厘米
吉安市博物馆藏

烛台的鼓形插口与托盘相连。南朝时期的烛台已基本上没有三国两晋时复杂而神秘的内容，相较两晋有一定的变化，管形烛台和圆形灯代替了以往羊形、狮形、熊形蜡台或灯盏，造型更加古朴。

青釉连托三足炉

南朝（420～589年）

通高 7.5 厘米，盘径 13.4 厘米，
底径 12.2 厘米，炉口径 10 厘米，
炉高 5.9 厘米

吉安市博物馆藏

　　三足炉连带托盘的方式，在南朝是一种典型的造型。此件盘和炉均施青釉，有细碎的开片，底部无釉。

团花纹葵形铜镜

唐（618 ～ 907 年）
钮高 0.8 厘米，直径 14.3 厘米，
缘厚 0.5 厘米
吉安市博物馆藏

　　此件葵形铜镜的背部装饰了六朵团花。唐以前铜镜多为圆形或方形，唐代开始流行花式镜，葵形即为富有特色者。

青白瓷台盏

北宋（960～1127年）
酒台高1.8厘米，直径7厘米
盏高5.8厘米，口径8.2厘米
1991年江西省吉安市峡江县福民乡
东坑宋皇祐二年（1050年）墓中出土
峡江县博物馆藏

台盏分为酒盏和酒台。酒盏六棱形，酒台托中心有一不规则圆孔，与托圈相通。

台盏相较于普通的托盏、盏托，是一种高级酒具，《辽史·礼志》有重要仪式中贵族"执台盏进酒"的记载。

白釉刻花碗

南宋（1127 ～ 1279 年）

高 6.3 厘米，口径 19.3 厘米，
底径 5.4 厘米

1982 年江西省吉安市吉水县
金滩镇洞源村出土

吉水县博物馆藏

碗口呈六瓣葵花式，敞口，斜腹下收，圈足，内壁刻折枝萱草纹若隐若现，反映出宋代陶瓷手工艺的高超水平。

青釉刻花婴戏纹盘

南宋（1127 ~ 1279 年）
高 4.5 厘米，口径 17.3 厘米，
底径 5 厘米
1982 年江西省吉安市吉水县
金滩镇洞源村出土
吉水县博物馆藏

　　敞口，圆唇，斜腹，圈足，内壁刻有婴戏攀枝纹，三个婴孩眉清目秀，颈系项圈，脚蹬尖靴，作攀枝状，呈三角形排列，造型憨态可掬。他们周围布缠枝花果。北宋晚期，耀州窑装饰多取婴戏纹题材，婴童数量多寡不一。

鸭形铜香熏

南宋（1127 ~ 1279 年）
长 16 厘米，宽 8 厘米，高 19 厘米
1982 年吉水县金滩镇洞源村发掘
吉水县博物馆藏

该香熏整体为一昂首张嘴鸭形，腹部可打开，周身线刻五官、羽毛等纹饰。鸭身如同一盖子，以子母口与下半部相扣合，下半部器身内可放置香料，颈部、背部与尾部镂有小圆孔，可使空气疏通。鸭口亦为中空，乃为香熏溢出而置。

焚香是文人钟爱的雅事之一，各种香炉和熏炉在宋代文人中推崇备至。此鸭形香熏造型出现较早，商周青铜器中即有为仿鸭形的凫尊。仿古铜器起源于宋代，宋人追求返璞归真，复兴古道，故而商周时期青铜器在当时极受推崇。

"吉州"铭文铜权

元（1271～1368年）
高8.2厘米，底径4.1厘米
吉安市博物馆藏

铜权厚重，呈宝瓶式，腹部一侧横铸铭文"吉安口"，另一侧竖铸铭文"吉州"皆为楷书。元代吉安市属吉安路，元朝元贞元年（1295年）改吉州路置，治庐陵县（今江西吉安市）。因此"吉州"说明这件铜权曾经在今吉安市通用。

铜权相当于现在的秤砣，用于称重量之用。铜权最早出现于东周，历代沿用。至元代，铸造铜权由路级政府所有，或由路铸、或由路监制而铸，在本路区域之内通行。铜权透露了元代商业交易的繁荣。

宣宗"敕谕"铜钟

明宣德六年（1431 年）
通高 122 厘米，口径 82 厘米，
腹围 216 厘米，重 400 千克
吉安市博物馆藏

此钟上沿部饰 4 道弦纹，间饰覆莲纹 24 组。钟顶部作蒲牢，其为龙之九子之一，因其"性好鸣"，"凡钟欲令声大音"，即把蒲牢铸为钟钮。钟鼓部铸有 4 块梯形铭刻，上有阳文真书铭文，其中三面是佛家经文、叩钟发愿文等；一面是宣宗"敕谕"佛教劝善铭文，四周边饰二龙戏珠纹样，上底边以二龙戏珠环绕篆书阳文"敕谕"二字。该钟整体发色与造型，具有明宣德盛世铸铜工艺的特征。

敕谕铭文：

皇帝敕谕官员军民诸色人等：

朕惟佛氏之兴，其来以远，流传中国，久事崇信。其教以空寂为宗，以普度为心，化导善类，觉悟群迷。上足以阴翊皇度，下足以劝善化俗，功德所及，无间幽显。今以江西吉安府庐陵县高峰山新建寺宇，特赐名曰广福，命本寺僧众于内诵经祈福。凡官员军民人等，并不许侮慢欺凌。若有不遵朕命，故意生事侮慢欺凌，以沮其教者，必罚不赦。

故谕

宣德六年十月十三日

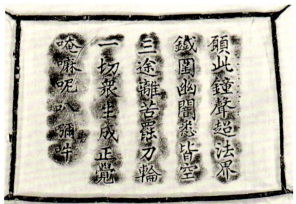

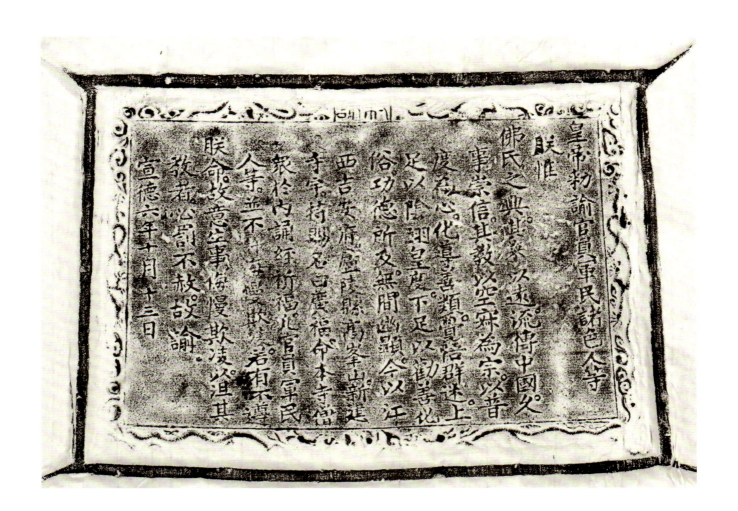

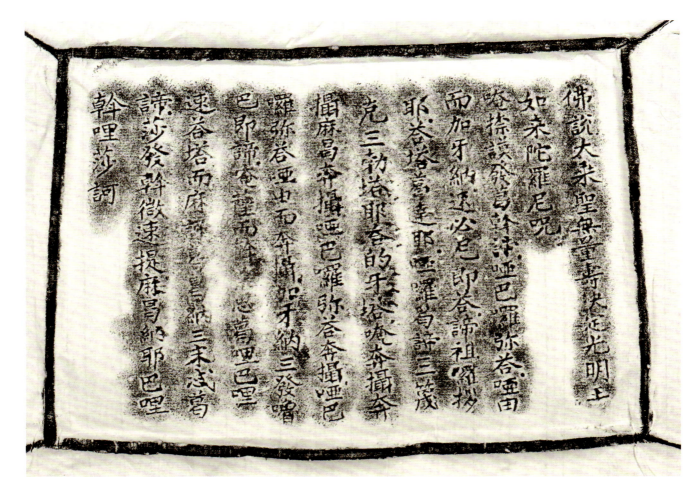

第三章

千年窑变

Kiln of Thousands
of Years

吉州窑作为宋元时期江西地区与景德镇窑并驾齐驱的大窑，

以黑釉瓷独步一时，烧造瓷品道法自然，

博采众长，融汇释儒二道，效法南北百工，

产品行销大江南北，借赣水之便，满誉海外。

独特的自然资源、深厚人文底蕴、庐陵人的聪明才智，

共同点燃了吉州窑熊熊的窑火，

其创新能力堪称民窑的典范与楷模，

在中国陶瓷史上书写了不朽的华彩篇章。

Jizhou kiln was as important as the famed Jingdezhen kiln in the
Jiangxi region during the Song and Yuan dynasties (from the 10th
to the 14th centuries), and was unparalleled at the time for its black
glazed porcelain. Its production method is characterized by a pursuit
for naturalness, with an integration of the techniques of other kilns
and the spirit of Buddhism and Confucianism, while also learning
skills from various craftsmen throughout the country. Using the
advantage of Gan River, the products of the kiln could be shipped for
sale across the country, with their reputation even spreading overseas.
The unique natural resources, profound cultural accumulation and
intelligence of Luling people combined to create the great Jizhou
kiln. Its innovative ability was unparalleled among various folk kilns,
leaving an indelible mark on Chinese porcelain history.

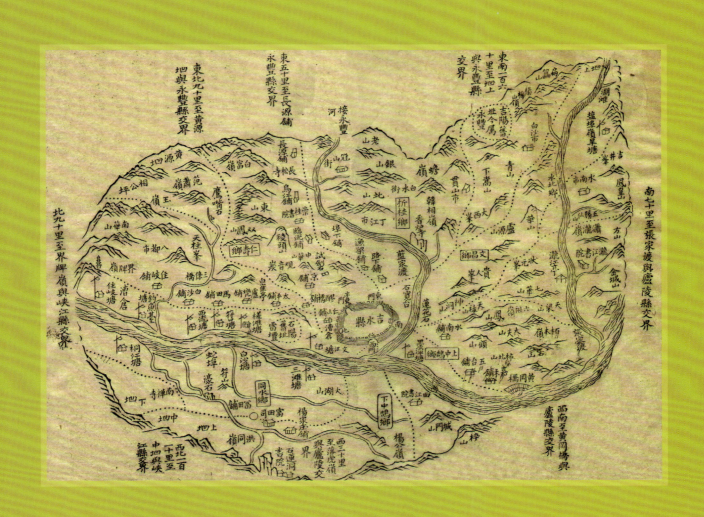

"江西窑器，唐在洪州，宋出吉州"。
　　　　——《景德镇陶录》

吉安自隋至元初称吉州，
永和属吉州，故称吉州窑，也称永和窑。
吉州窑创烧于晚唐五代，
发展于北宋，极盛于南宋。
宋元时期的永和镇因瓷窑业的发展而成为
"窑烟竞日夜""烟火数千家"的大镇市。

一

黑釉

黑釉瓷是吉州窑最有名、最具代表性，
也是产量最大、品种最丰富、
装饰工艺最具地方特色的产品，
创烧于北宋，盛行于南宋，
并延续到元代。
顺应了宋人斗茶风俗而生。
素黑釉是吉州窑大宗产品，
因含铁量比其他窑口低，
而钛、钾、钙、镁的含量相对要高，
因此烧成后釉质肥厚莹润，
黑色深沉柔和。

063

黑釉花口碗

北宋（960 ～ 1127 年）
高 6.5 厘米，口径 14.4 厘米，
足径 3.2 厘米
1975 年江西省吉安县永和窑址出土
江西省博物馆藏

花瓣形口外撇，下腹渐内收，圈足，足墙微外撇。胎薄体轻，口部为北宋时期流行的花瓣形口，造型独具一格，似绽开的花朵，展现了吉州窑黑釉瓷的深沉柔和以及一种简约而不简单之美。全器施黑釉，外壁施半截黑釉，露灰白色胎。

064

黑釉碗

南宋（1127 ~ 1279 年）
高 5.7 厘米，口径 10.7 厘米，
足径 3.3 厘米
吉安市博物馆藏

敞口，斜腹，平底。宋代饮茶、
斗茶之风盛行，一斗汤色，二斗水
痕，因此最能显露出二者的黑色茶
盏受到斗茶者的喜爱。人们在品茶
的同时，将视觉与味觉享受合二为
一，亦使其上升为一种可望可及的
精神享受。

黑釉四系罐

南宋（1127 ～ 1279 年）
高 18.8 厘米，口径 11.5 厘米，
腹径 12.5 厘米，足径 8 厘米
1982 年 8 月江西省吉安县
永和吉州窑出土
吉州窑博物馆藏

直口微侈，卷沿，长颈，深直腹下微收，圈足，肩附四系，外壁施黑釉而不及底，露灰白胎。

吉州窑黑釉因含铁量比其他窑口产品低，而钛、钾、钙、镁的含量相对要高，故烧成后，黑中泛褐、泛紫、泛红多，而纯黑者少，薄釉处表现的更为明显，此器可见一二。

黑釉鬲式炉

宋（960 ～ 1279 年）

通高 11 厘米，口径 13.5 厘米

1992 年江西省吉安市吉州窑遗址出土

吉安市博物馆藏

侈口，卷沿，折腹下收，三足，外壁及内口沿施黑釉，内壁无釉。

炉在我国传统生活中常见，分为供奉神佛、熏香提神、熏衣之用等，为生活实用器，与中华传统文化有着十分紧密的联系。此件为供奉神佛之器。

黑釉鸟食罐

宋（960 ~ 1279 年）

高 1.9 厘米，口径 2 厘米，

足径 2.2 厘米

吉安市博物馆藏

　　直口，圆折肩，鼓腹，平底，一侧贴塑桥形系，上腹施黑釉，下腹、内壁露胎。

　　黑釉瓷器功能性的多样化，体现了吉州窑的制瓷灵活度很高。

黑釉彩绘如意云纹罐

南宋（1127 ~ 1279 年）

高 10 厘米，口径 9.8 厘米，

底径 4.4 厘米

吉州窑博物馆藏

　　黑釉彩绘是吉州窑黑釉装饰的技法之一。以草木灰为原料配制彩料，烧成后有灰白色、金黄色。漆黑的釉面配上浅色的彩绘，对比强烈，颇具新意。

黑釉折枝花梅瓶

南宋（1127 ～ 1279 年）
高 21.7 厘米，口径 4 厘米，
底径 7 厘米
江西省博物馆藏

　　小口，圆唇，卷沿，直颈，丰肩，深腹，上鼓下收，假圈足。通体施黑釉。腹部对称装饰两枝折枝梅，其一为横杆上折枝式，两支交互，梅开八朵。另一为正梢攒萼式，梅开四朵，梅枝、花朵采用剔花法。纹饰部分露黄色胎，花蕊用褐彩勾画，装饰效果极强。画面构图依照梅花向上生长或旁逸斜出的自然形态组成图案，显现出生机盎然的景象。以爱梅之风而论，吉州窑黑釉彩绘瓷中画梅的题材居多，表现出一种文人画的写意之风。

黑釉木叶贴花碗

宋（960 ～ 1279 年）
高 5.5 厘米，口径 14.8 厘米，
足径 3.8 厘米
江西省博物馆藏

　　敞口，斜腹，圈足，碗内心呈
脐状凸起，内壁饰木叶，从内心向
口沿展开，叶尖飘出盏沿外。呈斗
笠形，是宋代典型的斗笠碗式样。
施黑釉，釉色滋润，晶莹光亮，底
足无釉，露米黄色胎。

　　木叶贴花碗是一种仅见于吉州
窑的装饰工艺，先将桑叶浸泡加工
后，贴在已施加了黑釉的坯胎上，
经高温一次烧成。

二

窑变与斑彩

带有窑变斑彩装饰的黑釉瓷器
是吉州窑最具特色的产品之一。
黑色地釉上施洒一层不同釉质的呈色剂，
经高温焙烧，
或呈现出色泽不同、规划不一的釉斑；
或产生独特的结晶。
釉面与釉变相辉映，别具风韵。

玳瑁斑连托盏

南宋（1127 ~ 1279 年）
高 8.2 厘米，口径 13 厘米，
足径 5.6 厘米
吉安市博物馆藏

　　盏、托连体，盏作侈口，圆唇，
平折沿，浅弧腹，圈足与盏托连体。
盏托为高圈足，露灰白胎。黑色地
釉上呈现黄色斑彩，使器物釉面呈
现出玳瑁一般的效果，釉色莹润。

玳瑁斑筒式炉

宋（960～1279 年）
高 10 厘米，口径 13.1 厘米，
足径 8.8 厘米
1992 年江西省吉安市峡江县仁和镇出土
吉安市博物馆藏

　　敛口，平沿，内沿起凸棱，中腹微鼓，平底，三矮足。釉层较薄，略显褐色，釉不及底，炉内无釉。釉层较薄，器型规整圆润，做工简洁大方。

玳瑁斑盏

南宋（1127～1279年）
高6厘米，口径11.5厘米，
足径4厘米
吉安市博物馆藏

　　束口，圆唇。釉面较厚，釉面
光润。外壁施釉不及底，露出灰白
色胎。

　　玳瑁釉是一种窑变釉，是吉州
窑瓷器上常见的一种釉，以这种釉
装饰的瓷器主要有瓶、罐、炉、碗等。

虎皮纹瓜棱碗

南宋（1127 ～ 1279 年）
高 5.4 厘米，口径 10.2 厘米，
足径 3.2 厘米
吉安市博物馆藏

　　碗敞口，弧腹下收，圈足。

　　虎皮纹是指用含铁量不同的黄色、褐色两种釉烧成之后形成的黄、紫、绿三色相间的放射状花纹，因由其釉面呈类似虎皮的斑纹而得名。

虎皮纹钵

南宋（1127 ～ 1279 年）

高 8.7 厘米，口径 13.2 厘米，

足径 5.5 厘米

吉安市博物馆藏

　　直口微敛，圆腹微鼓，圈足。
在黑色地釉上施以条状黄色斑彩，
酷似虎皮斑纹。釉薄处呈棕红色，
底足露灰白色胎。

虎皮纹长颈瓶

南宋（1127 ～ 1279 年）
高 21.3 厘米，口径 4.2 厘米，
腹径 9.62 厘米，足径 5.9 厘米
吉安市博物馆藏

　　直口，细长颈，溜肩，鼓腹，
圈足微外撇。瓶内素胎。长颈瓶以
黑釉为地，再洒黄褐色彩斑，洒脱
自然，奔放有力，富有浓郁的民间
生活气息。釉不及底，釉薄处呈棕
红色，因窑温过高，虎皮斑呈褐色。
近底部露灰白色胎，此土淘洗欠精，
胎体含砂量较大。

鹧鸪斑盏

南宋（1127 ~ 1279 年）

高 6.2 厘米，口径 12.5 厘米，
足径 3.8 厘米

1987 年江西省吉安县永和窑址采集

吉州窑博物馆藏

侈口，圆唇，弧腹，浅圈足。宋人黄庭坚在《满庭芳》词云："纤纤捧，冰瓷莹玉，金缕鹧鸪斑。"此盏内部从底至口沿，黑釉地上装饰了七周黄褐色圆点纹，银灰色的斑点镶嵌在黑色的釉面上，形似鹧鸪鸟胸前羽毛上的圆点花斑，规整美观，是人为点施而成。圈足露灰白色胎。

鹧鸪斑的形成为被带到釉面的铁元素在流动过程中，形成比较大的铁斑如同羽毛般的咖啡色长条。鹧鸪斑色彩变化丰富，是宋人青睐的茶盏之一。

兔毫盏

宋（960～1279年）
高4.2厘米，口径11.5厘米，
足径3.5厘米
1980年江西省吉安县永和窑址出土
江西省博物馆藏

　　敛口，圆唇，下腹急收，圈足，足墙较厚，圈足外有明显的旋削纹。盏外壁施黑褐色釉不及底，露灰米色胎，釉层较厚。

　　宋徽宗在《大观茶论》中称："盏色贵青黑，玉毫条达者为上。"黑釉茶盏为人喜爱，兔毫盏更是受人追捧。

　　兔毫盏以福建建窑最著名，吉州窑也有烧造。兔毫的形成是由于烧制过程中，釉料受热产生液相分离，分离的液相析出氧化铁结晶所致。这件兔毫盏内壁黑褐色地釉上布满细如兔毫般银灰色条纹，粗看整齐划一，细看毫锋参差不齐，恰似丝丝银针，统一中富有变化。

窑变釉鬲式炉

南宋（1127 ~ 1279 年）
通高 7.2 厘米，腹围 9.3 厘米，
口径 10 厘米
1982 年江西省吉安市峡江县
罗田乡坑头宋景定元年（1260 年）
王应白墓出土
峡江县博物馆藏

侈口，平沿外折，圆唇，直颈，溜肩，鼓腹，三乳状足微外撇。足尖露灰白色胎，炉内壁施釉不及底。

窑变指在黑色地釉上施洒一层羼入了不同金属原料作呈色剂的釉，在高温烧制过程中因物理化学反应，而产生的独特窑变结晶。

窑变釉圈点纹梅瓶

元（1271 ～ 1368 年）
高 20.5 厘米，口径 2.8 厘米，
足径 6.2 厘米
1980 年江西省永新县禾川镇学背村
元代窖藏出土
江西省博物馆藏

　　小口，圆唇，直颈，丰肩，深腹，假圈足，造型古朴。

　　整器造型规整，通体用窑变花釉装饰，先施花釉作地，再施圈点纹，经过高温烧造而成，工艺可谓精湛。

三

剪纸贴花

吉州窑剪纸贴花工艺创烧于南宋。
将剪纸纹样直接贴在胎上，
或已上过含铁量高的黑地釉上，
再薄施一层含铁量低的釉，
然后剔掉剪纸纹样，
使纹样呈现出胎体或地釉的颜色。
入窑高温烧制后，
底釉与面釉色彩既有区别又和谐统一，
达到深浅相映，动静相辅的效果。

081

剪纸贴花花卉纹四系罐
南宋（1127 ～ 1279 年）
高 7.2 厘米，口径 6.6 厘米，
足径 4.8 厘米
吉安市博物馆藏

敛口，平沿外折，肩部对称贴塑四个桥形系，筒形腹微鼓，假圈足。通体施黑釉不及底，釉层极薄，露灰白色胎。罐内与外底无釉。腹部对称饰花朵纹。纹样简洁洗练，手法简单得体，色差对比鲜明。

082

剪纸贴花火焰纹圈足炉

南宋（1127 ～ 1279 年）
高 6.3 厘米，口径 9.3 厘米，
足径 5.9 厘米
吉安市博物馆藏

敛口，平沿外折，筒形腹微鼓，假圈足，通体施黑釉，炉内与外底无釉。器腹剪纸贴花火焰纹。

剪纸贴花摩尼宝珠纹碗

南宋（1127～1279年）

残高12厘米，足径9厘米

吉安市博物馆藏

　　碗内壁饰三组（存两组）剪纸贴花宝珠纹。器身施黑釉，釉不及底，釉色纯正，釉厚温润。宝珠火焰纹规整大方，动态逼真，犹如熊熊燃烧的火焰。

剪纸贴花花卉纹筒式炉

南宋（1127 ～ 1279 年）

高 9.1 厘米，口径 12.3 厘米，

足径 7.2 厘米

吉安市博物馆藏

敛口，平沿外折，内沿起凸棱，中腹微鼓，下腹内收，平底，三矮足，造型工整。器表施黑釉，釉不及底。腹部饰一折枝花卉。底部三足间竖排墨书"九位"两字。

剪纸贴花朵花纹盏

宋（960～1279年）

高6.5厘米，口径16厘米，

足径3.8厘米

吉安市博物馆藏

敞口，圆唇，斜腹下收，矮圈足，属宋代典型的斗笠式碗。盏内壁以剪纸贴方式装饰十六朵花卉纹样；外壁施黑釉不及底，露灰白色胎。

剪纸贴花工艺作为吉州窑独特的装饰艺术，具有浓厚的地方特色。吉州窑将民间喜闻乐见的剪纸艺术创造性地移植到瓷器上，具有很高的艺术价值。

剪纸贴花朵花纹盏

南宋（1127 ~ 1279 年）
高 4.8 厘米，口径 10.2 厘米，
足径 3.9 厘米
吉安市博物馆藏

敞口，圆唇，斜腹下收，圈足。器内饰栀子花纹，器外黑釉地洒黄釉，釉不及底。

栀子花又名越桃、林兰、白蟾花、玉荷花、水横枝，释名詹葡。明代画家文震亨曾云："栀子清芬为佛家所重，古称禅友。"

剪纸贴花花鸟纹盏
南宋（1127～1279 年）
高 6.4 厘米，口径 12.8 厘米，
足径 4.1 厘米
吉安市博物馆藏

束口，圆唇，深腹下收，圈足。内壁饰三朵花，采用对称平衡法构图，以内心花朵为中心，安排两只凤鸟相逐飞舞。外壁，釉薄处呈酱褐色，底足露灰白色胎。

剪纸贴花菱形花纹盏
南宋（1127 ～ 1279 年）
高 5.8 厘米，口径 10.8 厘米，
足径 3.8 厘米
吉安市博物馆藏

束口，圆唇，深腹下收，假圈足。内壁浅黄色兔毫釉为地，腹中部对称分布三组菱形剪纸贴花图案，外壁施黑釉，底足露米黄色胎。

剪纸贴花团花纹盏

南宋（1127 ～ 1279 年）
高 5.5 厘米，口径 12.1 厘米，
足径 3.5 厘米
吉安市博物馆藏

　　束口，圆唇，弧腹下收，圈足，
足墙较厚。内壁米黄色地釉饰三组
团花纹剪纸贴花。

剪纸贴花菱形纹盏

宋（960 ～ 1279 年）
高 6 厘米，口径 11.8 厘米，足径 4 厘米
1982 年江西省吉安县永和吉州窑出土
吉州窑博物馆藏

束口，圆唇，弧腹下收，圈足。
盏内壁饰三组菱形剪纸贴花。

剪纸贴花吉语盏

南宋（1127 ~ 1279 年）

口径 11.7 厘米，底径 3.6 厘米，
高 5.7 厘米

吉州窑博物馆藏

敛口，圆唇，深弧腹下收，假圈足。内壁中部饰三组菱花形剪纸贴花，菱花内有"金玉满堂"四字。

这种将吉祥词语的文字精心做成剪纸的形式，在保留字意的同时又突出了图形感，融入了创作者思想感情，寄托着人们对未来美好生活的憧憬，具有浓郁的民间气息。

剪纸贴花鹿纹盏

南宋（1127 ~ 1279 年）
残径 13.1 厘米，底径 3.4 厘米，
残高 6.8 厘米
1981 年江西省吉安县永和吉州窑出土
吉州窑博物馆藏

敛口，圆唇，深腹下收，假圈足。
盏内壁饰开光式鹿、树纹剪纸纹样
团花，线条简洁明快。

"鹿"谐音"禄"，寓意美好吉祥，
富有浓郁的乡土气息。

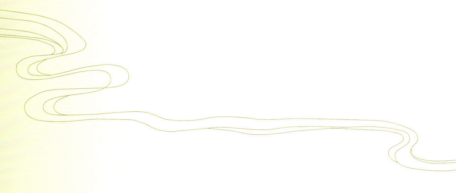

四

其他颜色釉

吉州窑以黑釉系列瓷器为大宗产品，
但在不同历史时期也烧过青釉、
酱褐釉、白釉、米黄釉、
绿釉等其他颜色釉，
展现出了瓷品生产为适应市场需求
而灵活多变的民窑特色。

093

红釉印花盏

北宋（960～1127年）
高 4.5 厘米，口径 11.6 厘米，
足径 4 厘米
1982 年江西省吉安县永和吉州窑出土
吉州窑博物馆藏

敞口，圆唇，浅弧腹，圈足。
盏内壁印花牡丹纹。施褐釉，褐中
泛红，外壁施釉不及底，釉面明澈
晶莹，露灰白色胎。此盏红绿相间，
釉面明澈晶莹。

洒釉鼎式炉

南宋（1127 ~ 1279 年）
高 6.8 厘米，口径 8.5 厘米，
足径 5 厘米
吉安市博物馆藏

　　该炉外壁洒釉，内部素胎，足
底无釉。洒是施彩釉的工艺，先在
器物上涂上黑色釉，然后随意洒淡
黄色釉，因釉的成分以及窑内的温
度不同产生不一样的窑变，即呈现
斑状、点状等不同变化的色相。

褐釉盘口执壶

北宋（960 ~ 1127 年）
高 12.9 厘米，口径 5.7 厘米，
足径 5.7 厘米
吉安市博物馆藏

　　盘口，束颈，溜肩，瓜棱形腹，
扁平折角鋬，管状短流，略高于壶
口，两侧贴塑两个环状系。通体施
酱褐釉不及底，底足修胎略显粗糙，
有明显的旋削痕。

洒釉盏

南宋（1127 ～ 1279 年）

高 6.6 厘米，口径 12.1 厘米，

足径 3.4 厘米

吉安市博物馆藏

　　敛口，圆唇，弧腹，假圈足。
先在器物上施上黑色釉，然后洒淡
黄色釉。

褐釉折肩四系罐

宋（960 ～ 1279 年）

高 18.2 厘米，口径 10.9 厘米，

足径 7.4 厘米

吉安市博物馆藏

　　直口微敛，圆唇，长颈，折肩，直腹微下收，圈足。肩部饰对称四系，内壁未施釉，外壁施黄褐釉，釉不及底。

绿釉双系罐

宋（960 ～ 1279 年）
高 8.6 厘米，口径 7.3 厘米，
足径 4.8 厘米
吉安市博物馆藏

　　侈口，束颈，鼓腹下收，平底。
肩部饰对称的二系。内外壁施绿釉，
釉不及底。

绿釉花卉纹八角形枕

宋（960～1279年）
高12厘米，长47厘米，宽17厘米
吉州窑博物馆藏

八角形，枕面用篦子依枕面形状划出八角形，八角形内划花折枝牡丹纹，枕边八棱做成竹节状，间饰钱纹。除枕底外通体施绿釉，红白色胎较细，瓷枕整体造型精美，剔刻图案生动。

瓷枕本是古人用于消夏的寝具，能清凉沁脑，绿釉瓷枕以自然界"生命之绿"的颜色加强了这一消暑概念。古代吉州窑工匠在绿釉瓷枕上充分运用刻划花和印花装饰艺术手法，用蕉叶、荷莲纹、波涛、水草等为主题纹饰，表现"芭蕉分绿、池荷清波、绿叶成荫"观念，强化了瓷枕的纳凉、消夏的主题。

绿釉花卉纹如意形枕

宋（960～1279 年）

长 25.5 厘米，宽 20.5 厘米，
高 8.6 厘米

吉安市博物馆藏

枕呈如意形，枕面用篦子依枕
面形状划出如意形开光，内划一枝
折枝花，瓷枕直壁，枕身周边刻有
许多圆圈纹，上下高低错落。除枕
底外通体施绿釉，釉面光洁细腻。

绿釉弦纹钵

南宋（1127 ～ 1279 年）

高 5 厘米，口径 11.1 厘米，足径 5 厘米

1980 年江西省新建县昌邑公社出土

江西省博物馆藏

　　敛口，圆唇，弧腹，平底，外口沿下饰两道弦纹。除底足外通体施绿釉，胎色灰白，质地疏松。制作规整。

　　绿釉是宋元时期吉州窑重要的产品之一，以铜为着色剂，铅化合物作为基本助熔剂，釉面光润。

绿釉戟耳兽足炉

元（1271～1368年）
高 10.4 厘米，口径 12.8 厘米，
足径 10 厘米
吉安市博物馆藏

敛口，平沿内折，上腹部饰两个对称的戟形耳，腹斜收，平底，下承三蹄形兽足。外壁及内口沿施绿釉，灰白色胎，胎体厚重。

素烧印花荷莲纹盘

宋（960～1279年）

高 4 厘米，口径 17.7 厘米，

足径 5.2 厘米

吉安市博物馆藏

敞口，圆唇，浅弧腹，圈足，通体素胎无釉，胎色灰白，外壁留有明显的轮旋纹。盘内壁压印三组纹样，口沿下一周回纹。

盘底内饰有双鱼荷叶纹，纹路舒朗，工笔画特点明显，表现出吉州窑的画工们的精湛技艺。纹样布局合理，繁而不乱，主题突出。整器胎薄匀称，显示出修胎技术高超。

五

釉下彩绘

釉下彩绘瓷是吉州窑瓷器的重要品类，

流行于南宋、元代。

彩绘颜料的着色剂富含铁元素，

胎上作画后施加一层透明薄釉进行烧制，

形成了灰白色的胎装饰深褐色或绛红色图案。

所绘自然景物兼顾中国绘画的

写意手法与图案装饰技法，

笔法凝练，形象生动，色调明快，

反映了江南淳朴的风土人情和地域文化。

104

釉下彩绘跃鹿纹炉

宋（950～1279年）

高8.8厘米，口径13.1厘米，

底径8.9厘米

吉安市博物馆藏

　　直口，平沿，筒形腹，下腹内收，平底，下承三个矮足。外壁上下各绘双线弦纹，之间绘两组开光和两组折枝花相间，开光内各绘跃鹿一只。鹿在古代被视为"仁兽"，寓意太平无事，且因"鹿"与"禄"谐音，故又作官禄的象征。

釉下彩绘八卦纹炉

南宋（1127 ～ 1279 年）

高 9.2 厘米，口径 12 厘米，

底径 8.4 厘米

吉州窑博物馆藏

敛口，平沿内折，筒形腹微鼓，平底，下承三个矮足。外腹部绘有多道弦纹和八个圆形开光，内绘乾卦，外绘海水波涛纹样。

釉下彩绘荷莲纹三足炉
南宋（1127～1279年）
高 6.8 厘米，口径 10.4 厘米，
底径 7.3 厘米
1970 年江西省南昌县罗家集
南宋嘉定二年（1209 年）陈氏墓出土
江西省博物馆藏

敛口，平沿内折，筒形腹微鼓，平底，下承三个矮足。胎质灰白细腻，外施白釉。口部、下腹各有回纹带一周，界以弦纹，中间绘缠枝莲纹。此炉所采用的白地黑花与黑地白花并用的方式，极为少见，在同一器物上用两种相反的画法更为少见。

釉下彩绘芦纹炉

元（1271 ～ 1368 年）

高 10 厘米，口径 12 厘米，底径 10 厘米

江西省新干县出土

新干县博物馆藏

敛口，平沿内折，筒形腹微鼓，平底，三矮足微外撇，胎色白中泛黄。沿面、口沿下、下腹近底处各饰弦纹数道。腹部绘两个对称开光，内绘简笔芦苇，茎小叶宽，外衬以水波纹。

釉下彩绘花鸟纹瓶

宋（960 ～ 1279 年）
高 12.7 厘米，口径 2.2 厘米，
足径 4.4 厘米
吉安市博物馆藏

　　直口微侈，长颈，鼓腹，圈足。
口沿下绘弦纹六道，腹部绘小鸟、
牵牛花。外壁施釉，底足露胎。

釉下彩绘莲池鸳鸯纹瓶

元（1271 ～ 1368 年）
高 18.6 厘米，口径 2.8 厘米，
足径 5.8 厘米
1980 年江西省吉安县永和窑址出土
江西省博物馆藏

　　直口，长颈，溜肩，椭圆形腹，圈足，足墙较厚，底足无釉，露灰白色胎。颈部饰回纹一周，界以弦纹，中间绘两个对称开光，内绘莲池鸳鸯纹，开光外满绘海水纹。

　　以写意手法，寥寥数笔，便勾画出两对鸳鸯在水中嬉戏的场景，形象生动，饶有情趣。造型优美，纹饰繁缛，布局合理，描绘生动。

釉下彩绘卷草纹瓶
宋（960 ～ 1279 年）
高 21 厘米，口径 6.3 厘米，
足径 9 厘米
新干县博物馆藏

　　侈口，束颈，垂腹，圈足，外
壁口沿下、下腹近底处各绘两道弦
纹，中间满绘卷草纹，造型优美，
制作精良。

釉下彩绘梅花纹梅瓶

宋（960 ～ 1279 年）

高 17 厘米，口径 4.7 厘米，
足径 5.7 厘米

1982 年江西省吉安县永和吉州窑出土
吉州窑博物馆藏

　　小口，卷沿，圆唇，长颈，丰肩，弧腹下收，假圈足。颈部绘数道弦纹，肩部绘覆莲纹，腹部对称两个开光，内绘月影梅枝。老梅一枝右横出，枝桠顺势穿插，梅花含笑枝头，花朵偃仰反正，映带有情，再配以新月，构成一幅雅致的月影梅纹图。开光外绘银锭纹。下腹绘回纹，间绘弦纹。构图繁而不乱，画艺娴熟，造型浑厚。

釉下彩绘双鱼纹盆

元（1271 ～ 1368 年）

高 7.4 厘米，残长 22.5 厘米

吉州窑博物馆藏

　　此件瓷盆内底描绘出一幅生动的池塘景色，这一写实性极强、充满浓郁的自然生活气息的构图，加之双鱼取谐音寓意"富贵有余""金玉满堂"，展现了人们对美好生活的憧憬。

　　吉州窑装饰内容以正面讴歌生活为主，画面以喜庆吉祥、长命富贵和向往美满幸福生活为主要题材。装饰纹样取材于自然界中的动、植物和人们的生产、生活。

釉下彩绘锦纹琮式瓶

宋（960 ～ 1279 年）

残高 16.5 厘米，口径 2.9 厘米，
足径 5.7 厘米

吉安市博物馆藏

　　作琮式状，口部残损。方柱形
深腹，高圈足，圈足外撇。瓶口、
下腹绘复层莲瓣纹带一周，上下界
以弦纹，腹部主体纹饰为菱花形织
锦纹，纹饰繁密规整，华丽精致，
主题纹饰突出。圈足绘弦纹数道。
整器形制古朴，稳重大方。

　　锦纹一般装饰在瓶、罐类的肩
部或碗、盘的口沿作边饰、或作为
地纹，此器以锦纹作主纹，在吉州
窑产品中极为少见。

釉下彩绘跃鹿纹盖罐

南宋（1127 ～ 1279 年）
高 19.5 厘米，口径 10.4 厘米，
足径 7.8 厘米
1970 年江西省南昌县罗家集
南宋嘉定二年（1209 年）陈氏墓出土
江西省博物馆藏

直颈，折肩，圈足，底足露灰白色胎，有明显的旋削痕。带盖，盖面拱起，无纽，有子口，盖面、盖沿分别饰折枝牡丹纹和卷草纹。颈部饰蔓草纹。罐腹部饰两个双线四连弧开光，内绘跃鹿一只，四足腾空跃起，口衔瑞草，身旁点缀小草两簇。开光外衬以缠枝牡丹纹。

吉州窑瓷画构图中最为独特的是开光装饰手法的运用。不仅在有效的空间内增加了纹饰的层次，而且也使图案主次分明，别开生面。开光装饰手法是对传统的通景式构图手法的突破，这是前所未有的。宋代的开光，为一粗一细两条弦纹或两条细弦纹，此件釉下彩绘跃鹿纹罐便是其中之一。

釉下彩绘跃鹿纹罐

南宋（1127 ～ 1279 年）
高 17 厘米，口径 9.2 厘米，
足径 8 厘米
1991 年江西省新干县界埠公社
南宋淳熙十年（1183 年）曾照远墓出土
新干县博物馆藏

　　缺盖，直颈，平肩，弧腹瘦长，圈足。颈部饰简笔卷草纹，上下界以弦纹。腹部装饰两个双线六连弧开光，内绘跃鹿，四肢瘦小，身躯紧缩，弓身翘尾。工匠抓住了小鹿腾空跃起的瞬间动态，生动地刻画出小鹿在奔跑状态中保持的机警特性，显得简洁传神，活泼可爱。整器图案主题突出，反映富贵吉祥，憧憬美满幸福。图案章法匀称和谐，自然完美，给人以清爽轻巧的感觉。

　　鹿在古代被视为"仁兽"，寓意太平无事，且因"鹿"与"禄"谐音，故又作为官禄的象征。宋代的跃鹿纹是吉州窑富有个性和时代特色的装饰纹样，以釉下彩绘的方式出现，不见于同时期其他窑口。

釉下彩绘花卉纹罐

宋（960 ～ 1279 年）
高 5.7 厘米，口径 6.1 厘米，
足径 4.1 厘米，腹径 9 厘米
吉安市博物馆藏

侈口，卷沿，矮颈，丰肩，球腹，圈足。肩部饰三周弦纹。腹部对称绘两个开光，内绘折枝梅、竹纹，外绘褐彩六菱锦地纹。

此件罐采用了吉州窑常用的对称开光形式突出主题纹饰，锦地与开光疏密适宜。这种图案对称开光的风格也影响了元青花的绘画风格。

釉下彩绘梅纹盖罐

元（1271 ～ 1368 年）

通高 10.8 厘米，口径 9.9 厘米，
足径 7.6 厘米

1972 江西省吉安市青原山出土

江西省博物馆藏

器盖为母口，盖面微隆，绘折
枝梅、竹。罐身筒形腹，中腹微鼓，
平底，圈足。盖缘、罐肩、下腹等
处绘弦纹数道，器腹为两个对称开
光，内各绘折枝梅一枝，外衬以水
波纹，波形浪卷，翻滚奔腾，线条
疏密有致。胎色灰白，内壁有明显
的旋削痕。

釉下彩绘波涛纹罐

元大德十一年（1307 年）

高 19.8 厘米，底径 12.8 厘米，
口残直径 24.1 厘米

1983 年江西省吉安县永和窑遗址采集

吉州窑博物馆藏

口及上腹部分残缺。敛口，平沿，短颈，溜肩，球腹，圈足。颈部饰卷草纹一周，肩部褐彩书写"用称心买卖答者，丁未岁下市朱有成用工"铭文一周。腹部绘水波纹，中间作长方形双线开光，内书"口入敬神会，永充供养者"。器内无釉，有明显的旋削纹，底足露胎。

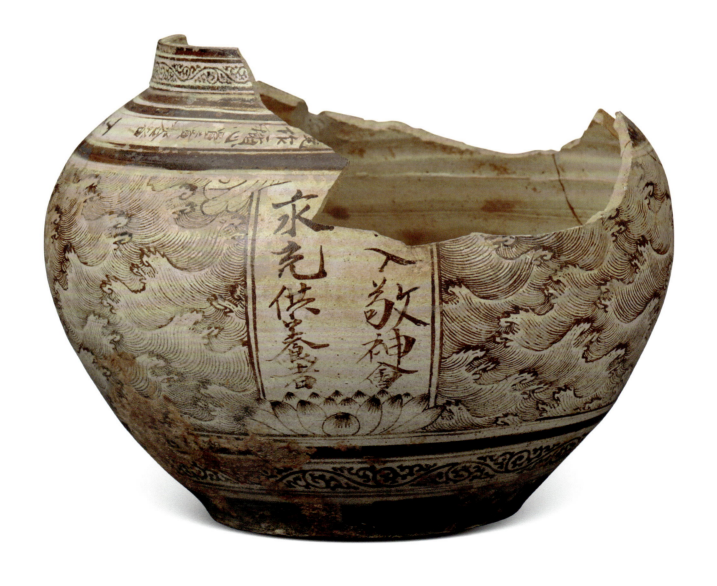

六

瓷塑

吉州窑瓷塑，
品种丰富，题材广泛，
富有浓郁的乡土气息。
圆雕居多，
以手捏、模印、贴塑、彩绘方式，
一物多法，
散发着生活的烟火气，
从中可见窑工对社会生活深入细致的观察，
透露出独特的审美观。

119

犀牛驮龟水注

宋（960～1279年）
高5.2厘米，长8厘米，宽3.5厘米
吉安市博物馆藏

圆雕，犀牛翘嘴，昂首站立，
双角竖起，双耳后耸，四肢粗短，
身躯肥硕。一龟趴在牛背上，龟头
昂起，牛背一侧有一圆孔，通体施
黄褐釉，釉不及底。

素胎释迦牟尼像

北宋（960 ～ 1127 年）
高 29.5 厘米，底座长 14 厘米，
底座宽 13.7 厘米，底座厚 3.2 厘米
1984 年江西省吉安县永和镇本觉寺塔出土
吉州窑博物馆藏

佛结跏趺坐于仰莲须弥座上，神态祥和、宁静、庄严。螺髻，脸庞丰满，双目微闭，高鼻，两耳双垂，身着交襟袈裟，坦胸露肚，左手搭于左膝，右手上抬，曲指做环形结说法印。须弥座的束腰较高，下承底边镂有壶门的方形座。全器素胎，胎色灰白。

吉州窑古窑遗址上有一座宋代本觉寺塔，因塔位于本觉寺旁，故称本觉寺塔。该塔始建于唐开元年间（713 ～ 741 年），历史上曾遭损毁，宋代重修后保存至今。1984 年曾整修，出土了部分佛塔遗物，此件素胎佛像便是其中之一。

绿釉六角方塔

北宋（960 ~ 1127 年）

檐高 45 厘米，基座宽 17 厘米，
底宽 16.5 厘米，残高 29 厘米
1982 年江西省吉安县永和窑出土
吉州窑博物馆藏

该器仿木结构，塔盖缺失。重檐六角攒尖屋顶，屋面覆盖半圆形筒瓦和瓦当，六角发戗，曲线有力。斗拱椽檩，漏花门窗，高台基座，回栏走廊，望板雕花，塔心为六边柱体，中空平底。

塔造型规整，结构复杂，斗拱作一斗三升式，是典型的北宋建筑式样，实质上是当时砖石塔的造型。胎质较粗糙，釉层基本剥落，仅一角留有一小块绿釉。

褐彩棋桌

宋（960～1279年）

长 8.2 厘米，宽 6 厘米，高 6 厘米

江西省吉安县永和窑出土

吉州窑博物馆藏

桌面刻围棋棋盘，褐彩宽边，盘与今天的棋盘略有差异。桌底通体施褐釉。

褐彩象棋子

宋（960 ～ 1279 年）

每件直径 2.2 厘米，厚 0.7 厘米

吉安市博物馆藏

棋子双方兵种完全相同，有十卒、四车、四马、四炮、四相、四仕、二将，共 32 枚组合而成，与象棋完全一致。棋子模印，然后用褐彩描绘棋面上的字，一方的棋子侧面绘一圈褐彩边，另一方则为素面，以此区分对弈双方的棋子。这些象棋子为研究象棋的起源发展的重要实物依据。

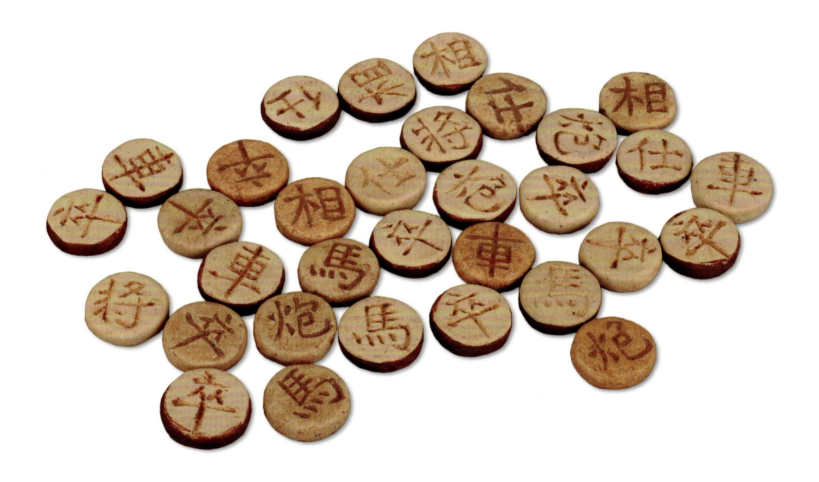

点彩卷尾犬

宋（960 ~ 1279 年）
通高 6.8 厘米，体宽 3 厘米
吉安市博物馆藏

狗立式，抬头，张口，双目圆
睁，双耳前披，尾上卷。造型精巧，
神态生动。灰白色胎，点绘褐彩斑。
小狗四足无釉。采用手制工艺，属
玩具或装饰制品，形象写意而不重
形似。

狗在吉州窑瓷器中多见，或立
或卧，神态各异，富有生活气息。

点彩女坐俑

宋（960 ~ 1279 年）
通高 6.7 厘米，底长 4.2 厘米
吉安市博物馆藏

坐俑敛手盘膝，头微下含，柳
条眉，凤眼凝视，双目炯炯有神，
鼻梁高挺，樱桃小嘴微张，长发披
肩，身着大袖交领罗衫，腰间束带，
长袖罩手，置于膝前。盘腿端座，
作沉思状，形神合一。

点彩童子骑马俑

宋（960 ～ 1279 年）

通高 8.2 厘米，宽 4 厘米

吉安市博物馆藏

马作立式，抬头平视前方，双
耳前披，双目圆睁。童子骑坐马背，
屈膝，双跨紧贴马背，体前倾，双
手抱住马脖。通体施釉，褐彩点绘，
姿态生动。

点彩和合二仙俑

宋（960 ～ 1279 年）

高 7.8 厘米，长 4.6 厘米，身宽 2 厘米

吉安市博物馆藏

此器捏塑而成，双俑并立，长
发披肩。席地而坐，抬头平视前方，
面容清晰，表情自然。左俑双手合
抱于腹前，右俑一手搭于左俑肩上。
头发、眉、眼、手等处点褐彩。

128

褐釉麒麟

宋（960～1279年）

高 8.7 厘米，长 10.7 厘米，体宽 5.1 厘米

1995 年江西省吉安市

白鹭洲大桥三号桥墩出土

吉安市博物馆藏

　　麒麟作半卧欲起式，头部抬起回望右后方，腹部中空。整器施褐釉，米黄色胎。

129

点彩蟾蜍砚滴

宋（960～1279年）

高 2.7 厘米，长 8 厘米，身宽 3 厘米

吉安市博物馆藏

　　蟾蜍昂首前伸，张口，作出水口。肥身，三乳足。器表施釉，头部点褐彩，底部及三足无釉，背部处塑一排小乳丁，中间一注水洞，两旁各塑两朵梅花纹。设计巧妙，造型别致。

130

素胎蹲猴

宋（960～1279年）

通高 5 厘米，体宽 2 厘米

吉安市博物馆藏

　　素胎。呈跪坐式，抬头、平视，凸嘴，上身直立，前肢置于双膝上，后肢屈膝。仅在双眼部位点点褐彩以示眼睛，显得质朴大方。

七 工匠与窑具

吉州窑在不同的历史时期，
烧制不同品种器物时，
用不同的窑具，
采取不同的装烧方式，
使成品更为精美，
成品率高。
窑户除了用心于瓷品的制作，
还通过标记的方式行销产品，
在宋代商品经济的潮流中，
将瓷品推向更远的地方。

131

绿釉蕉叶纹如意形枕

宋（960 ～ 1279 年）
高 9.5 厘米，长 26.5 厘米，宽 23 厘米
吉州窑博物馆藏

　　枕呈如意形，枕面微内凹，饰蕉叶纹，枕身周边刻有许多圆圈纹，上下高低错落。枕通体施绿釉。底部露灰白色胎。底部有竖长方框的模印"舒家记"戳记，这是舒家作坊在自己产品上所作的标记，以起到广告宣传的作用。

"刘画" 款瓷碗

宋（960 ~ 1279 年）

残高 4 厘米，口径 11.6 厘米，

足径 4.2 厘米

吉安市博物馆藏

唇口，弧腹下收，小圈足。碗内刻"刘画"二字。腹部残损。

花鸟纹陶印模

宋（960 ～ 1279 年）

通高 5 厘米，直径 10 厘米

吉安市博物馆藏

　　泥质灰陶。碗沿一圈凸弦纹，弦纹下以钱穿纹平均分成四边格，格内分别堆塑纹饰飞鹤、菊花、叶脉纹，设计精美。

抱鹅女陶范

宋（960～1279 年）
通高 7 厘米，底宽 5.9 厘米，范厚 2 厘米
吉安市博物馆藏

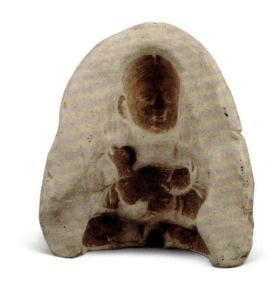

　　范内正面阴刻一盘膝端坐的妇
女，双臂抱一只鹅于胸前。

硬陶碾槽

宋（960～1279 年）
碾槽：长 29.3 厘米，宽 6.5 厘米，
底径 6 厘米
碾轮：直径 12.6 厘米，孔径 2 厘米，
边厚 0.6 厘米
吉安市博物馆藏

　　碾槽硬陶质，为吉州窑碾磨釉
料的专用工具。由碾槽和碾轮两部
分组成。碾槽呈船形，两端微翘，
中为一道宽凹槽，平底，灰黑胎。
碾轮呈圆饼形，中心有一圆孔，缘
面至中心胎体由薄渐厚，黄色胎。

褐釉碗叠烧残器

宋（960 ～ 1279 年）
通高 11 厘米，底径 8.8 厘米，
口径 20 厘米
江西省吉安县永和窑出土
吉安市博物馆藏

匣钵

宋（960 ～ 1279 年）
通高 10.3 厘米，口径 18 厘米，
底径 4.6 厘米
江西省吉安县永和窑出土
吉安市博物馆藏

擂钵

宋（960 ～ 1279 年）
高 9.5 厘米，口径 13 厘米，
底径 11 厘米
江西省吉安县永和窑出土
吉安市博物馆藏

　　擂钵呈钵状。棒一头大，一头
小，棒头圆弧，中空可装柄。外壁
施釉，釉色不显，灰黑胎。

第四章

光耀
庐陵

Talents of Luling

吉安古称"庐陵"，

公元前 222 年，

自秦始皇灭楚而设庐陵县至今，

已有两千多年的历史。

这里文风勃发、人才辈出，

自古以来便是辐射赣水流域乃至江西地区的文化重镇，

以其积淀深厚的儒学教化传统，和刚正忠义的人文品格

共同构成了"文章节义并重"的

地区特色文化——"庐陵文化"，

在中华历史文明进程中产生了深远的影响。

Since its foundation as Luling County in the 25th year of the First Emperor of Qin (222 BCE) after he defeated the kingdom of Chu, it possesses a history of more than two thousand years. Nurtured by a brilliant cultural atmosphere, talents have been emerging from generation to generation, making it an influential cultural base of the Gan River basin and the Jiangxi region. Supported by the profound Confucian traditions and local humanistic characters of integrity and loyalty, the local "Luling culture" characterized by "emphasizing on both talent and integrity" has had profound impact on the progress of Chinese history and civilization.

一

崇文重教

在古代中国，进士既是官僚阶层的主体，也是儒家思想、学术和文学人才的主力。

庐陵科举史上共有17名状元、16名榜眼、17名探花，曾经出现过两次"科举双连冠"，

一为明朝建文二年（1400年），同期状元、榜眼、探花全部是吉安学子；

二为明朝永乐二年（1404年），同期一甲三名、二甲四名，前七名都来自吉安，

如此繁盛景象前无古人，后无来者。庐陵历代科考，进士多达三千多人，为全国各州府之最。

鼎甲人物众多，在科举史上称得上是一个奇迹。这些才俊英杰，好学博识，刚正义烈，成为社会栋梁。

科举考试等级图

唐以前，江西水运还只是一个地区局域网，

北宋定都开封汴梁，政治中心东移，

南北干道改经江西。

新干道路程短，水道为主，非常便捷。

一时间，官宦商旅络绎于途，

极大地促进了赣江沿岸的经济和文化繁荣。

赣江水运勃兴的同时，

恰好江西的开发已经深入赣中，

加之北方汉族移民深入，

两宋时期，吉安所在的赣中地区开发成熟，

拜繁忙的赣江水道所赐，宋代的吉州，

与抚州、饶州同为江西文化最发达的地区，人文蔚起。

宋代江西文人地理分布

樟木格言挂屏

清（1644～1911年）

长 146 厘米，宽 63 厘米，
厚 7 厘米

吉安市博物馆藏

挂屏选樟木为材，共 8 块。其中 4 块书写"凡事当留余地，得意不宜再往；读书志在圣贤，为官心存君国""乖僻自是，悔误必多；顾鉴自甘，家道难成；施惠无念，受恩莫忘""宜未雨而绸缪，毋临渴而掘井；自奉必须俭约，宴客切勿流连""居家戒争讼，讼则终凶；

处世戒多言，言多必失。丙辰仲秋月书"。内容选自《朱子家训》，警诫子孙，寓教于世。另 4 块挂屏装饰花鸟鱼虫、梅兰竹菊。

庐陵民居厅堂流行装饰挂屏，此套挂屏施法木雕鎏金工艺，文章寓意与木作之巧相结合。

165

云龙纹端砚

宋（960～1279年）
长 24.6 厘米，宽 14.8 厘米，
厚 5.8 厘米
吉安市博物馆藏

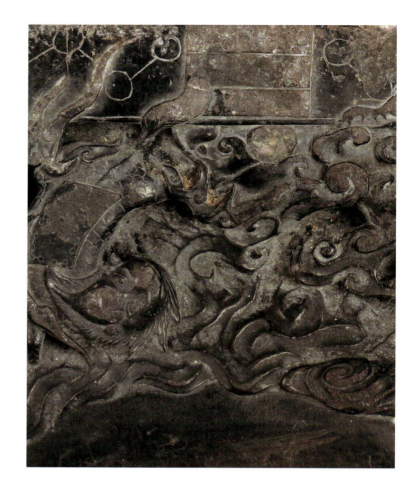

　　此砚石体厚重，抄手砚式为宋
代遗风。端石产在广东省肇庆市东
南烂柯山西麓端溪水一带。

　　肇庆古称端州，此处石料制成
砚台称之"端砚"。端砚是我国四
大名砚之首。

书卷形诗文端砚

清乾隆三十四年（1769 年）
长 27 厘米，宽 18 厘米，厚 6 厘米
吉安市博物馆藏

　　此端砚呈书卷形，砚面上篆书："千堆雪。江山如画，一时多少豪杰。遥想公瑾当年，小乔初嫁了，雄姿英发。羽扇纶巾，谈笑间，樯橹灰飞烟灭。故国神游。"诗文节选自宋苏轼《念奴娇·赤壁怀古》。端砚底部刻"乾隆三十四年江武铭"款。

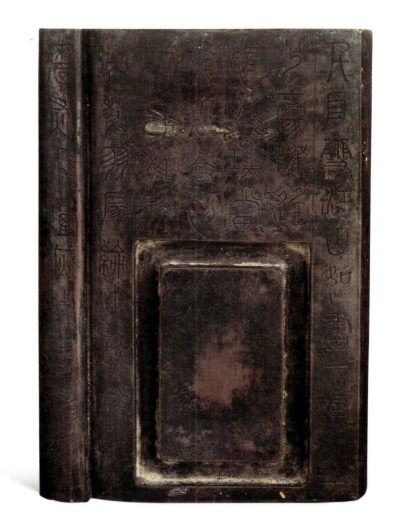

"广玉珍藏"篆刻圆砚

清（1644 ～ 1911 年）
通高 5.6 厘米，直径 18.1 厘米
吉安市博物馆藏

砚是研墨用具，与笔、墨、纸合称"文房四宝"。此圆砚的砚面周围有沟槽，砚体下承四足。外壁篆书"其时体也，含章可鼎以致用也，天下文明"，围绕方形倭角开光内书"光玉珍藏"四字。此外并附木质盖和木质底。

云纹琴形砚

清（1644 ～ 1911 年）

长 18.3 厘米，宽 10.2 厘米，厚 3.2 厘米

吉安市博物馆藏

砚呈琴式，装饰了琴弦。砚面内凹，砚池和砚堂相通。此砚造型小巧。实用与鉴赏相结合为清代砚式特点。

木雕九龙灯

清（1644～1911年）
通高86厘米，底长28厘米，
底宽14厘米
吉安市博物馆藏

　　此灯由龙、剑组合而成，灯座为书箱，形若"書"字，龙身安装九盏油灯，点燃后灯火通明。寓意书剑安邦，文武双全，腾龙绕柱，事业有成，风调雨顺。

　　九龙灯盛行于吉安地区，多为书院、家族祠堂中使用，是吉安耕读传家的重要象征。

"五子登科"铜镜

明（1368 ~ 1644 年）
直径 12 厘米，厚 0.4 厘米
吉安市博物馆藏

镜背有"五子登科"四字，四字端正排列于镜钮四周，每字均用方框框住。铸在铜镜上，成为一个吉祥的符号，祝福着每个拥有者门楣兴旺、仕宦发达。

"五子登科"指后周窦禹钧教子有方，他的五个儿子先后考中进士的故事。

"状元及第"铜镜
清（1644 ～ 1911 年）
直径 17.5 厘米
吉安市博物馆藏

"状元"是科举考试殿试中一甲第一名的贡生，赐"进士及第"的称号。民间制作的"状元及第"铜镜，透露出普通百姓渴望在科举考试中考中状元，藉此改变身份、地位的希望。

单骑闯营图青花印盒

清（1644～1911年）

高4.8厘米，直径11.7厘米

吉安市博物馆藏

"张氏宗祠"青花龙纹香炉

清光绪十年（1884年）
口径34厘米，足径19厘米，高23厘米
新干县博物馆藏

此香炉腹部以青花绘饰牌位"张氏宗祠"，从右向左分三行竖书"光绪十年甲申六月吉立　列祖神位座前　十七世孙沛霖敬献"。

自北宋之后，吉安渐渐形成了众多世家大族，家族建祠堂，办教育，厚民俗，良好的教育，培养出了大批人才。

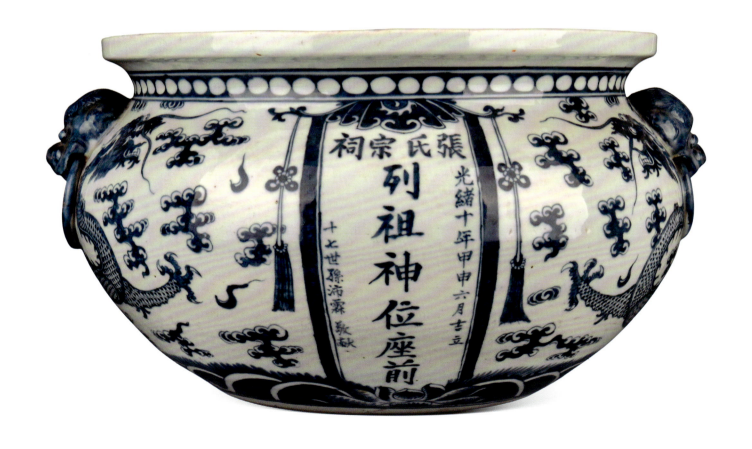

提梁书箱
清（1644 ～ 1911 年）
通高 72 厘米，长 58 厘米，宽 39 厘米
吉安市博物馆藏

此件书箱十分灵巧，便于携带，内部空间分配合理，纵横排列，疏密有致。

中国古代实行科举制度，书生上京赴考，需要携带书籍和生活用品，于是出现了专为科考书生之用的书箱。书箱是知识和身份的象征，无论它使用何等木材，读书人都会将它视若珍宝。

活字印板

清（1644 ~ 1911 年）
长 40 厘米，宽 32 厘米，厚 4 厘米
吉安市博物馆

此件活字印板排布了"泰原堂"《祝氏宗谱》，共 2 块。记载了祝氏从吉安迁往四川，再到贵州的过程。

活字印刷发明于宋庆历年间（1041 ~ 1048 年），是在雕版印刷的基础上产生的。北宋沈括在《梦溪笔谈》中首先记述了活字印刷工作过程，并指出它快速和灵活的特点："一板印刷，一板已自布字，此印者才毕，则第二板已具，更互用之，瞬息可就""若印数十百千本，则极其神速"。不过在中国古代活字印刷事实上从未引起社会主流的重视，明清时期活字印制家谱得以广泛流行。

敕封孺人曾母康老太君木寿屏

清道光年间（1821 ～ 1850 年）
高 71.5 厘米，宽 19.5 厘米，厚 2.2 厘米
遂川县博物馆藏

　　该寿屏为木质连屏式，屏浮雕
全部糅金。8 块木屏子母口相连，
可分可合，每块屏周边有木框，屏
中用木框分隔成上下四格，上格各
浮雕一只两翅飞舞的蝙蝠，寓意"福
到"；第二格四边沿略斜，中间突起，
突起处漆黑底，用金粉书祝寿词；
第三格浮雕鹤、鹿、麒麟等吉祥物，
寓意"福、禄、寿"；第四格浮雕"八
仙故事和伴读、考学、送考、赴考"
等人物故事。每块屏均留有屏足，
足上部雕刻卷云纹屏裙。

《诗境》青石碑

清光绪壬午年（1882 年）
长 90.5 厘米，宽 35 厘米，厚 10 厘米
泰和县博物馆藏

该碑为清光绪壬午年（1882 年）刊刻。通碑阴刻楷书"诗境"二字，其间有"陆游书"三字，后附有清光绪间泰和县丞陈凤翔题跋："快阁之前有台焉，登临旷览，风景殊佳，适捡敝簏得此二字，刊置壁间，以公同好。澂海陈凤翔识。"

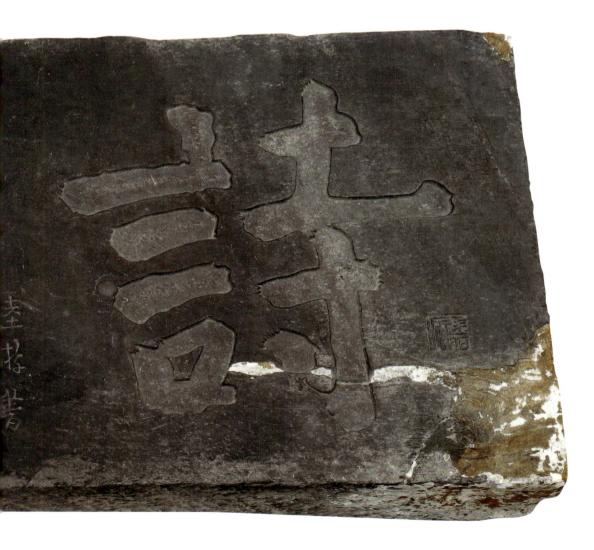

二

白鹭洲头话学人

历代名臣大儒的过化，春风化雨，庐陵的学宫、书院蓬勃兴起；

崇文重教的社会风气，遍地劲吹，庐陵文化发展繁荣。

从唐代到清代，据不完全统计，

吉安古代创建的府学、书院多达 500 多所，还有几十所社学、义学。

庐陵县学、安福孔庙、白鹭洲书院、龙江书院、阳明书院等都是具有代表性的学肆。

著名的白鹭洲书院，

创下连续教育约 800 年历史，

民族英雄文天祥正是白鹭洲书院走出的优秀学子，

宋理宗宝祐四年（1256 年），文天祥高中状元，

吉州同榜进士多达 39 名，居全国首位，

理宗皇帝龙颜大悦，钦赐"白鹭洲书院"匾额以示褒奖。

153

石阳书院罗振芬考卷

清（1644 ～ 1911 年）

纵 110 厘米，横 24 厘米

白鹭洲书院博物馆藏

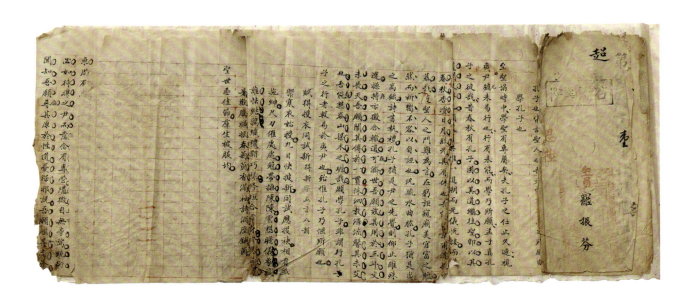

154

文山书院龚之德考卷

清（1644 ～ 1911 年）

纵 95 厘米，横 25 厘米

白鹭洲书院博物馆藏

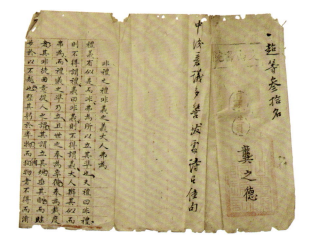

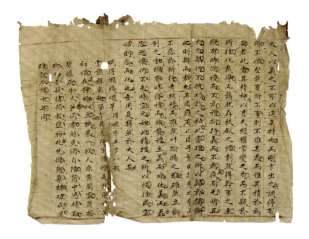

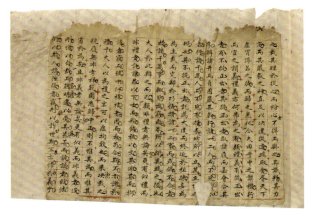

白鹭洲书院

白鹭洲书院占据二水中分的奇妙环境，以立身名节为办学理念。

南宋淳祐元年（1241 年）由知吉安庐陵郡军事江万里创建，一直引领吉安书院教育的发展。

院内建有文宣王庙、棂星门、云章阁、道心堂、万竹堂、风月楼、浴沂亭，斋舍庖湢具备。

《白鹭洲书院志·洲图说》："洲之形，若蜿蜒然。

起青石码头，止梅林渡。

修五六里，广二里许。

面神冈，枕螺山，左右诸山环列，嵌崎历落，不可名状。"

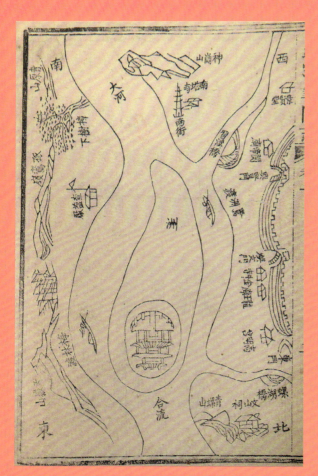

白鹭洲全景图

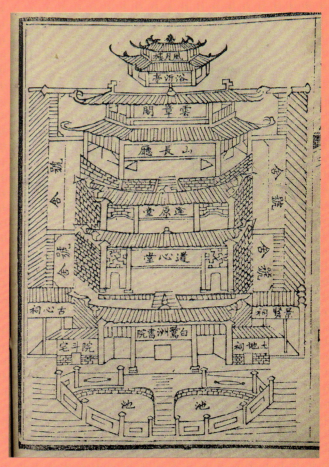

白鹭洲书院布局图

《庐陵文丞相文山先生全集》

清（1644～1911年）
纵29.7厘米，横17.6厘米
白鹭洲书院博物馆藏

此件为文天祥所著《文山先生全集》的清刻本，共10册。

文天祥（1236～1282年），字宋瑞，号文山，庐陵人，南宋宝祐四年（1256年）状元。两次起兵抗元，官至右丞相兼枢密使，都督诸路军马。兵败被执，坚拒诱降，在大都狱中写下气壮山河的《正气歌》，大义凛然就义。明代景泰年间追谥忠烈。

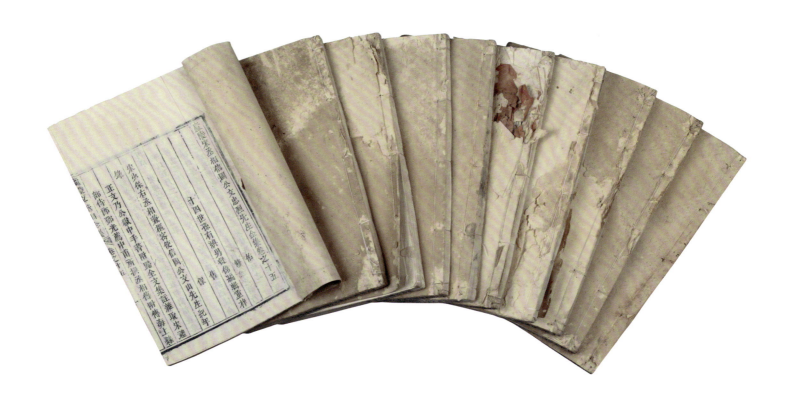

白鹭洲书院学子手抄本

清（1644 ～ 1911 年）

纵 16 ～ 21 厘米，横 12.5 ～ 13.3 厘米

白鹭洲书院博物馆藏

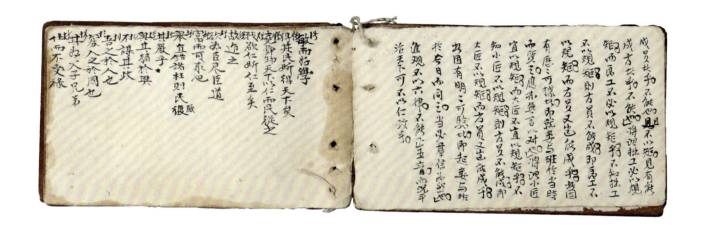

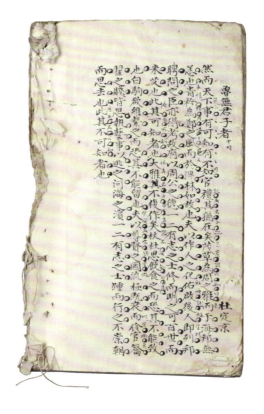

魯無君子者

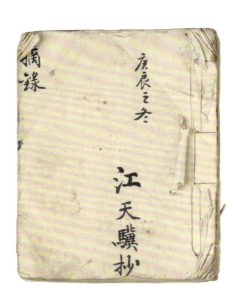

摘錄

庚辰之冬

江天驥抄

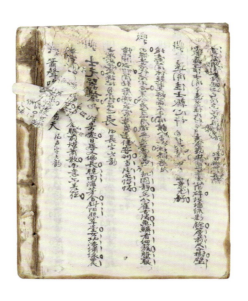

镂雕花卉纹竹编木胎提箱

清（1644 ～ 1911 年）
通高 34.5 厘米，边长 25 厘米
白鹭洲书院博物馆藏

赶考木书箱

清（1644 ～ 1911 年）

高 41 厘米，长 33 厘米，宽 28.5 厘米

白鹭洲书院博物馆藏

此长方形书箱为手提双开门双屉式。

书生考取功名需要参加一级级的考试，一般没有过多的金钱来维持自己在异地待上很长时间，所以要算好时间，离乡赶路考试。古时交通不便，因此他们就需要慢慢赶路，所携带书籍置入书箱，便于整理携带。

石雕葡萄纹笔筒

清（1644 ~ 1911 年）

高 12 厘米，口径 9 厘米，足径 8 厘米

白鹭洲书院博物馆藏

竹雕笔筒

清（1644 ~ 1911 年）

高 13 厘米，口径 10 厘米

白鹭洲书院博物馆藏

镂雕如意云头纹砚

清（1644 ~ 1911 年）

高 14.5 厘米，宽 9 厘米，厚 2.5 厘米

白鹭洲书院博物馆藏

蓝釉花卉纹笔架

清（1644 ～ 1911 年）
通长 10 厘米
白鹭洲书院博物馆藏

黄褐釉鞋形笔洗

清（1644 ～ 1911 年）
通高 4 厘米，底长 9.5 厘米，
底宽 2.5 厘米
白鹭洲书院博物馆藏

164

青花卷草纹三连水盂

清（1644 ～ 1911 年）
高 3.3 厘米，长 14 厘米，宽 4 厘米
白鹭洲书院博物馆藏

松石釉桃形水盂

清（1644～1911年）

高 4.5 厘米，长 7 厘米，宽 4.8 厘米

白鹭洲书院博物馆藏

花卉纹石质水注

清（1644～1911年）

长 8 厘米，宽 6 厘米，高 3.5 厘米

白鹭洲书院博物馆藏

绿釉连托烛台（2 件）

清（1644 ～ 1911 年）

高 12.5 厘米，口径 7.6 厘米，

足径 2.7 厘米

白鹭洲书院博物馆藏

花卉纹铜尺

清（1644 ~ 1911 年）

长 16.5 厘米，宽 2 厘米，厚 0.3 厘米

白鹭洲书院博物馆藏

山水纹铜镇尺

民国（1912 ~ 1949 年）

长 17.5 厘米，宽 7 厘米，厚 0.4 厘米

白鹭洲书院博物馆藏

花卉纹铜书拔

民国（1912 ~ 1949 年）

长 16 厘米，宽 2 厘米

白鹭洲书院博物馆藏

素面带柄裁纸刀

清（1644 ~ 1911 年）

长 16 厘米，宽 1.6 厘米

白鹭洲书院博物馆藏

双环文具盒

清（1644 ～ 1911 年）

高 12.8 厘米，长 26 厘米，宽 15.5 厘米

白鹭洲书院博物馆藏

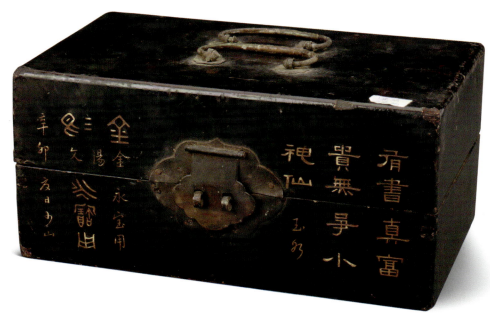

带屉硬币盒

清（1644 ~ 1911 年）

高 8.5 厘米，长 15.5 厘米，宽 14.5 厘米

白鹭洲书院博物馆藏

174

红釉镂空草纹笔架

清（1644 ~ 1911 年）
通高 5.5 厘米，底长 10 厘米，
底宽 1.7 厘米
白鹭洲书院博物馆藏

175

白鹭洲书院学子使用过的印章

民国（1912 ~ 1949 年）
白鹭洲书院博物馆藏

印章托盘

清（1644 ~ 1911 年）

高 3.8 厘米，长 26.2 厘米，宽 17.5 厘米

白鹭洲书院博物馆藏

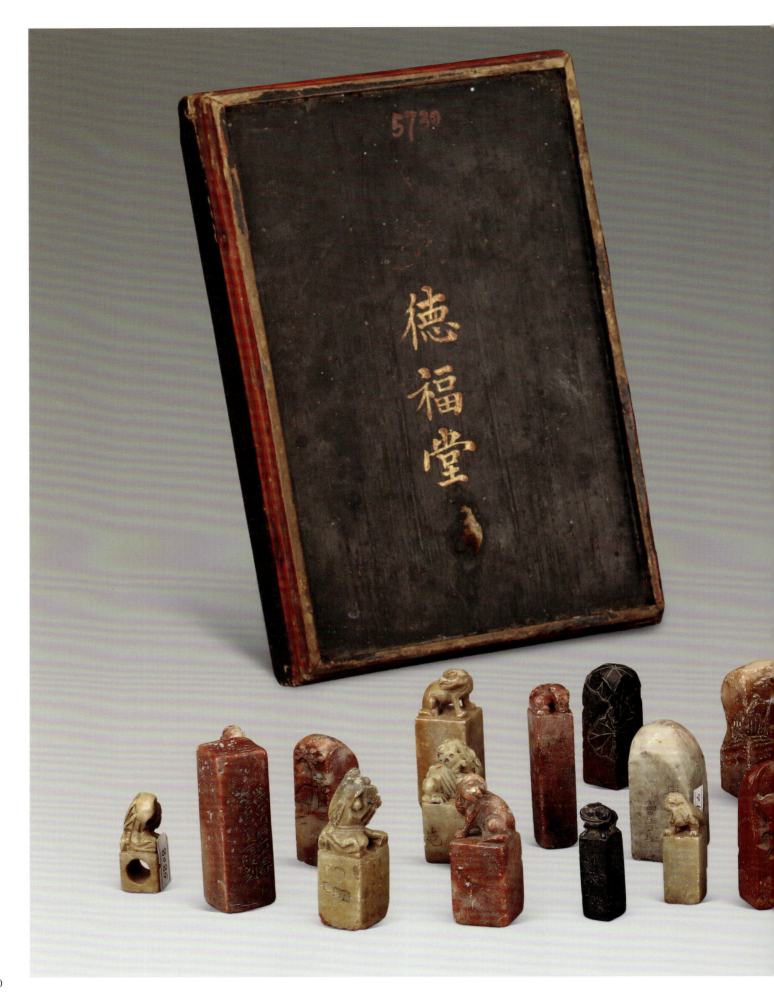

三

庐
陵
星
空

吉安文化个性鲜明，即文章与道德并重，所谓"庐陵为文章节义之邦"。

吉安人敬仰的人物，不但诗文上乘，还要身为品德人格的典范，

吉安乡贤欧阳修、胡铨、杨邦乂、周必大、文天祥和杨万里

被奉为"五忠一节"，就是最好的代表。

王象之在《舆地纪胜》中称："吉为大邦，文风盛于江右"。

人才辈出，名士涌现，文韵恒昌，灿若星空。

解缙手书册页

明洪武三十一年（1398 年）	7：22 厘米 ×14 厘米	15：22 厘米 ×19 厘米
手卷纵 33 厘米，横 600 厘米	8：22 厘米 ×14 厘米	16：22 厘米 ×14 厘米
1：22 厘米 ×19 厘米	9：22 厘米 ×12 厘米	17：22 厘米 ×13 厘米
2：22 厘米 ×14 厘米	10：22 厘米 ×12 厘米	18：22 厘米 ×13 厘米
3：22 厘米 ×13 厘米	11：22 厘米 ×14 厘米	19：29 厘米 ×11 厘米
4：22 厘米 ×14 厘米	12：22 厘米 ×18 厘米	20：28 厘米 ×17 厘米
5：22 厘米 ×14 厘米	13：22 厘米 ×11 厘米	吉水县博物馆藏
6：22 厘米 ×14 厘米	14：22 厘米 ×11 厘米	

　　此手卷为洪武三十一年（1398 年）解缙亲笔书写的书法作品。主要记载了"解氏世系歌""解氏吉州谱""莊山先生传赞""解先生小传"及解缙对书法的见解等内容。该作品为研究解缙及其书法艺术，以及明代社会生活等方面皆有极为重要的意义。

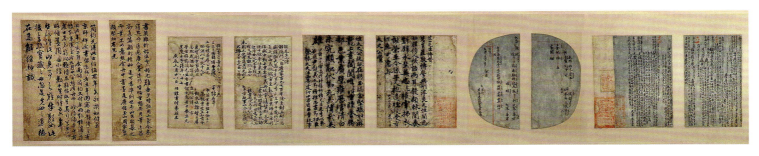

解氏世系歌

明明我祖本于軒轅至周武王二十也傳唐侯弈世彌

晉始大广〼良采于解孚斗陵尊余故鄉以人

邑為氏傳稱解揚曰張曰狐皆顯于晉后恥事秦散

而多亂代丞相福著以鷹門不事漢高隱而終馬侍

中道麃僕射曰祈子著簿延年受詩萬年將作罷

子曰勝桓赫繼顯建武侯封嗣子曰恭太守都討印

徙燉煌尚書宗明生司隸光監郡唐啟事生中庶少

史相史涉少征西相史之子及梁郵侯光于八少

功吏治考績稱冢梁郵有子系及結育清聲

倫賦所妻永寧有詔追贈葬祭濟南著族晉史所

志征西我系賓容散騎諱澈諱興龍子〼守宫

武戚護軍奇之幷俟晉燕師祚仕後秦明晉

震父子仕燕修止生鎮震業亢宗高士姓諱事具南

〼生觀古尚書寸華都替天叚濟陰應憷蔚漆彥北刺

〼夢康世績忠鯁周太司空生琁公琰事具唐史退

〼其子諱隱官虨始于山吉本廬陵子禹刺史肅

宗〼勃世亂未靖同水臻善南山形朕鸝鶒符嶺昏宇

延慶系禹字德遠生飭宏材徐軍武衛兄弟鼎台

〼字得興貞白賜諡進士〼善後八其諱金吾僕

府力志黄巢退不言功子鄴皋暮吳加尚書吳唐

〼戩然朱文㷛麗儒將知兵保身亢宗近宗之

封伯軻魁名天聖生安及定吉甫彥聖熙寧

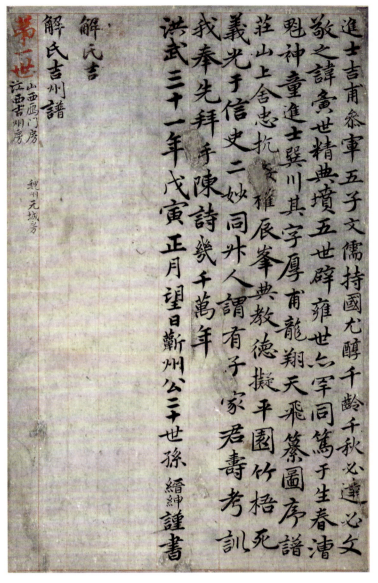

進士吉甫叅軍五子文儒持國尤醇千齡千秋必達必文
敬之諱彙世精典墳五世辟雍世六軍同篤于生春澻
魁神童進士巽川其字厚甫龍翔天飛纂圖房譜
莊山上舍忠抗辰峯典教德擬平園竹梧死
義光于信史二妙同外人謂有子家君壽考訓
我奉先拜手陳詩幾千萬年
洪武三十一年戊寅正月望日蘄州公三十世孫　縉紳謹書

第一世
解氏吉州譜
解氏吉
山西鷹門房　江西吉州房
魏州元城房

鷹門房學士璪　長子東之藏書員外郎
元城房太常璲　長子遊虞部侍郎

第二世 吉州房
吉州房刺史琇

第三世 吉州房
吉州房刺史隱

第四世 吉州房
吉州房都督斡

右页

吉州南山迤符房徵士轔

長子從美字善善生禄宗長慶甲辰文宗開成庚申舉進士武宗會昌乙丑廄減佛頌宣宗大中丙午道士德宗乾符初卒广夫

容山　弟　哀　敬　志　滿

葬夫容山　哀字從秉名珪僑遷臨沿後唐天成中戰發九

南山迤符房

大名臨沿房

吉州東門寨巷房從美

長子盛字世隆行十七主唐宣宗大中丙子德宗乾符丁酉……葬于東門寨烏石塘獅子岡尖今又路口清水塘渭馬山也蓋光路丙午楊吳太和六年甲午……

吳氏葬東山亭……項氏葬東庵寺五嶽上

洺州房從秉駕陽長子暉字世顯……累功至指揮使從周世宗征淮南遷……吉陽侯卒十三耀烺

庸捷都虞候從太宗破太原以官女不受以右千牛上將軍吉陽侯……猛有大勳宇每征伐身先士卒卒赠如風雨稱萬人敵史有傳

左页

第七世（红）

吉水宗門房盛長子孫字皋舊行七少從父在軍根制置使葬上釗山里……制置新廣書院李先生主所居杏湖田鑑

制置安蘇出水蓮花山今……龍寺前……范越鳳所卜……傅溪隱相橋蓋以制宣比傅說云

吉水東門房

第八世（红）

吉水東門房制宣轔長子文綵字嚴正行二南唐保大進士江淮制宣使夫人王氏繼曾氏吉州曾大廟開府儀同三司次山之女

制宣以真宗乾興中葬將軍上鳶山谷水磨坑毛氏葬東山亭曾氏葬東羅五龍聚會山

文讓　文綵字彥諱大中祥符特進士國子助教……聚宗氏王氏葬龍華山

九皋

吉水東門房制宣文綵長子希言字伯游……母王氏累舉鄉貢進士家事郎聚宗氏合葬水南柞木塘東門寨巷房希言第二子

皋　旦

第九世（红）

希孟字伯軻行二每曾氏仁宗天聖庚午兩拳進士茂州司戶參軍葬知廬州夫人毛氏銀青光禄大夫休……

吉水東門房始祖翔衢字仲舉希言子也行十生……仁宗寶元年戊寅卒宅在東門寨巷之舊……仁宗在位之二十六年也……

陜西藍田房

吉水北門房

希孟子　皋　安字……宗仁宗嘉祐丁酉秋閣校理權產知廉……

右葉

希孟次子定 字彥聖　希甫嫡長子澄 行五九……
希曾嫡長子澄 行五六……
師誼 字元蘇 行十三 娶歐陽氏
希文嫡長子潛 文蔡嫡長子曾孫
希文嫡長子潛 文蔡嫡第二房下曾孫

第十一世

吉水北門房文蔡嫡長子曾孫
鑑湖房文蔡第二房下曾孫

吉水東門房翔衢子子宣 子坑聖者東門鄰氏……
吉水鑑湖房恭軍安寧嫡長子獻明 字煥致 行六

世維 字持國 行小十四生興寧己酉十一月七日卒……
進士仕臨江軍新淦尉 娶徐氏合葬東羅一亥……

鵬 行小十三

定二子世雄 行小十三

第十二世

東門寨巷房澤嫡長子世茂 字彥材……
江淮房澤嫡長子世有家志熙志脩持綱……

東門寨巷房師誼一子惠 字中孚 行六元符己卯進士名康國……

澄子傑

東門寨巷房漑嫡孫
吉水東門房翔衢嫡孫
吉水北門房翔衢嫡孫

寨巷房務文蔡嫡玄孫
鑑湖嶺上房恭軍第四房下孫 皆文蔡玄孫

寨巷房曾孫 江淮房寨巷玄孫
北門房希言第二房下孫

世建 行小　世宇 行小　世雲 行小九

貢 行小十　正夫 行小十二

左葉

北房子宣一子維寧 字懷德 行十三生……
權貴不仕 紹興乙亥十月卒 葬葛山……

第十三世

東門里下房獻明嫡長子邦光 行世八希孟嫡曾孫

正夫子彥志 行廿六　邦彥 行廿三　癭 行廿七 繼世雄後
鑑湖嶺上房世維子千齡 字慶遷 行世芒……
千秋 字慶遠 行世芒
鵬子千里城中房 行辛 千祀新淦南廟房 行世二

千強永豐太平鄉房
千齡 因家焉後散居樂業

萬安房千諤 奉母朱氏避兵盧陵……

北房維寧二子蒸 字元素 一字邦光……
維寧一子賓 字國賓 治平進士……

東門房 字子端明 行廿

東房邦光一子賓 王字國賓……
北房維寧二子蒸 字元素……

及直四子嫡長子必勝……必咸……必豐……
邦彥……彥未一子癭 一子倫

鑑湖房千齡八子嫡長宗尹

行一 孫明字舜洛　必鰲 行二 晉鄉 行三

必達 行五字邦鄉 葬黃牛出洞山劉子相娶女葬水西桐水塔海螺山

行四

必鰲 字舜洛 聚州下涂寺承安葬水西桐水塔海螺山

城中房 象軍第五房下

擬

必器 行八 必用 行七 政鄉 行六

千秋五子嫡長舜鄉 行四 漢鄉

吉水北門房藻嫡長子茂承

吉水東門田下房賓玉三子嫡長和

鹽倉嶺鑑湖房宗尹二子嫡長瀛

必達二子鼐 字敬之 行五九葬鑑湖上聚李氏葬劉氏合葬

洪 晉鄉三子剛林 明林 信林

政鄉二子飛之 子雲 克之 子克

吉水北門房

子宣嫡長玄孫 茂承嫡長子炎 字齊賢 肇宗嘉開禧之連三舉 辛未進士及第卒於臨安葬源石

氏一子堪董氏一子址

茂信五子 秀數字樂伯 行五六聚高氏 鑑字正付 行六二一聚徐氏

鎮字安仲 行六十三聚黃氏 日新字新仲 行六十四聚胡氏

茂禮三子 幼學字行之聚宋氏 幼覺字先之聚劉氏

吉水東門田下房

伯和子景淵 行百三 景朝 嫡長子谷 伯三子

鹽嶺鑑湖上房

敬之嫡長子谷 字容甫 行七時稱生春先生嘉之甲申

龍翔 弟行父厚甫咸淳乙丑進士及第授迪功郎 戰沒贈武功大夫夫人江氏

吉水北門房

炎子堪 字仲住 址 字國基 秀數子驥子 行千六 行千一 行千二

鑑子誠 富易州安與事元世贈推忠宣力功臣龍庸上將軍同知 樞密院上護軍易國武定公葬定興北河店

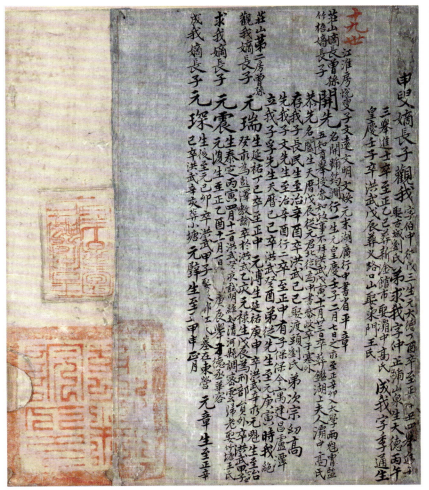

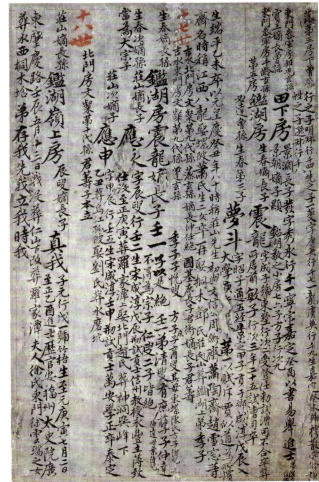

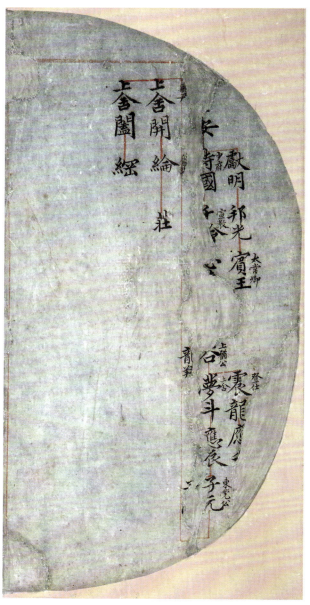

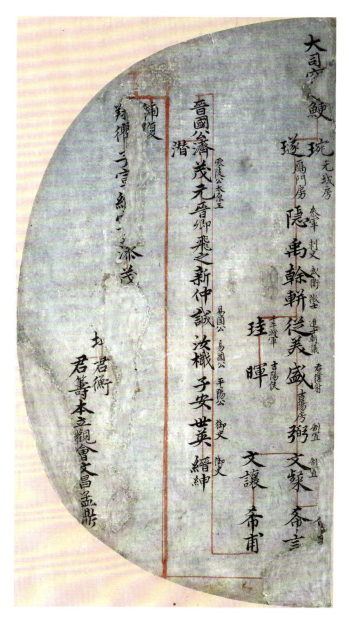

莊山先生傳贊

先生莊敬博學典刑淳良天性聞惡

如探湯傍人機語兩耳發頹棘闈奏

凱壁水蚩英忠乙權宇掃祆衣

謝榮至今孫子人抱遺經授變肎

省庶可憶齡

洪武丙子撰　庚辰六月書

太史公贊

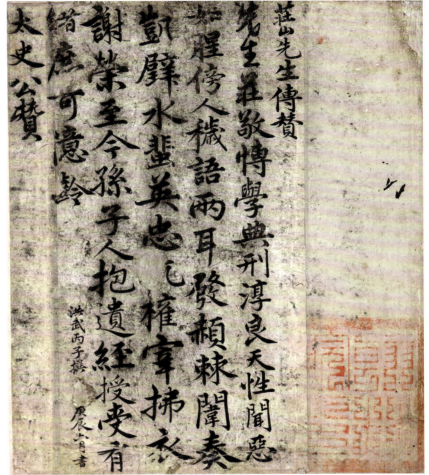

維太史公純穌在躬玉鎮金堅矯如游

龍上書閶闔唯昭重瞳譽騰

都邑業廣壁雍歷官清白

未究顯融伏節死義偉哉英

雄

公諱卒元字真我時稱竹梧先生元李以東

兇縣　起義死節贈推忠盡節功臣

榮祿大夫江西等處行中書省平章政事

解先生小傳

解鴟門人自唐家吉巳七百年餘至封王封公德
盛顯極美篤于先云元季亂至甲午南北絕不
通矢江西義根城守至京師乘革船
迎得毋父死王事遭賊
徑賊中數千里至吉義兵城守復隆郡邑完
保十餘年往來其如
二盡策間道往返十數訪
攅及陳友諒陷江西公
本朝元使者適至以先祖不
不擇 使者委之去 公隱亦

江上哀感群賊為之護其
謀盡殺陳氏出官 友以附將復為元其
處平章政事以祭政官授 公

國初李宣公善長劉□世□江伯昌 等皆從
呂至京圖聲歸雲環
上賜禮甚厚公在元
祭酒以下數千人比
氣質剛方家瀘巖
息然或酒酣讕咲一尸盡傾公諱 字□□
學者稱筠澗先生有書解文集若干卷生元
皇慶壬子得年八十七
康辰六月廿八日 緒 謹書付弟朋至

書莫難於楷法而小楷尤難吾少時極用工至今未

得其妙近見唐人墨迹乃皆略重想其用筆亦甚

高適篇顧眎精神是可為準則也于此出顧慕之

而筆不如意推舍舟中書墨是廣信玉山周家裝

顏堅細有黑光

簡約先得此古經經有年矣永樂初付至

京師伴余書留京師者五年因寫淵靜傳一乃喬

回予年丁亥二月余南歸簡約又付余的玠桂潘有

攜赤京遷至予九月廿省雄舍舟中如得海卷中南

慶士墓志鈞澗鞄時纂雜帖收兮真川学画沙汕帖

眺偹菱圍迥水陸數千里時經五六年

某後得此以見子之難生艱如生

後三子孫寶藏之毋忽是先世之遺

在馬解緒紳識

213

《解文毅公集》木刻印板

清康熙五十八年（1719 年）
单块纵 16 厘米，横 27 厘米，
厚 1.5 厘米，共计 194 块
吉水县博物馆藏

此套竹木雕版来自于解氏后裔的捐赠。解缙撰《解文毅公集》雕板，刻于清康熙五十八年（1719 年），共 194 块。

解缙（1369 ～ 1415 年），字大绅，又字缙绅，号春雨，又号喜易，明朝第一位内阁首辅。洪武二年十一月初七日（1369 年 12 月 6 日）出生在吉水鉴湖（今吉水县文峰镇）的一个书香门第之家。明洪武二十一年（1388 年）进士，任中书庶吉士。永乐二年（1404 年），升翰林学士兼右春坊大学士，主持纂修《永乐大典》及《古今烈女传》。一生以敢言著称，在朝屡次忠言进谏，鞭挞弊端。著有《解文毅公集》《春雨杂述》等。

《念庵先生》木刻印板

清雍正年间（1723 ~ 1735 年）
单块纵 21 厘米，横 27 厘米，厚 1.5 厘米
吉水县博物馆藏

罗洪先撰《念庵集》雕板为竹木质，共 491 块。刻于清雍正年间（1723 ~ 1735 年）。

罗洪先（1504 ~ 1564 年），字达夫，号念庵，江西吉安府吉水人，明代学者，明嘉靖八年（1529 年）状元，累官左春坊赞善。一生清廉正直，不畏权贵，潜身研习王学。作为杰出的地理制图学家，以计里画方之法，创立地图符号图例，绘成《广舆图》。罗洪先在理学方面，属江右王门学派，研究王守仁"致知"之旨。嘉靖四十三年(1564 年)，罗洪先去世，享年 61 岁，诏赠光禄少卿，谥文恭。他著有《念庵集》22 卷，收录于《四库全书》。另有《冬游记》传世。

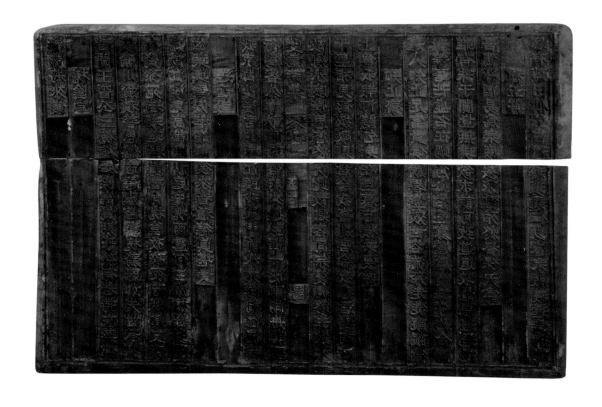

明故吏右侍郎赠工部尚书欧阳恭简公墓志铭

明（1368～1644 年）
长 70 厘米，宽 70 厘米
泰和县博物馆藏

该碑记载了欧阳铎的渊源生平，追述了他入仕后的治行。直书 50 行 2017 字。

欧阳铎（约 1481～1544 年），字崇道，号石江（亦作石岗）。江西泰和人。明朝大臣。正德三年（1508 年）进士，最先授官行人，后升工部郎中，改南兵部郎中。其为人廉洁正直，敢于进谏，不阿权贵。他在徭役税粮方面为明政府制定了新的制度。

"刘定之"款端砚

明成化年间（1465 ~ 1487 年）
长 18.3 厘米，宽 12.2 厘米，厚 2.1 厘米
湘赣革命纪念馆藏

　　砚呈长方体，端石质地，灰黑色，正面为素面，中间呈凹形，用以磨墨。背面阴刻铭文，内容为"嗟渭阳砚，与浣溪甥，用励尔学，以显所生"，落款"刘定之为李甥轗铭"楷书。两侧阴刻钤印两方"呆斋""生静""学士印章"篆书款。

　　刘定之（1409 ~ 1469 年），字主静，号呆斋，江西永新人。明朝大臣、文学家。刘定之学问渊博，善文工诗，著有《周易图释》《否泰录》《呆斋集》等。

"刘定之"石印

明成化年间（1465 ~ 1487 年）
通高 6.2 厘米，长 4.5 厘米，宽 4.5 厘米
湘赣革命纪念馆藏

　　印章顶端圆雕太狮幼狮嬉戏。一狮回首相视，形态逼真。篆体阳刻印文"经筵讲官□两部尚书"。印石一侧刻划"刘定之"字样。

　　经筵是帝王为讲论经史而特设的御前讲席。宋代始称经筵，置讲官以翰林学士或其他官员充任或兼任。元、明、清三代沿袭此制，而明代尤为重视。除皇帝外，太子出阁后，亦有讲筵之设。

罗协中贡单

清同治年间（1862～1874年）

纵69厘米，横54厘米

吉安市博物馆藏

雕板印刷，黑色双边框。卷首自右向左印"贡单"二字及半边红色封印，款首："钦命翰林院修撰、南书房行走、提督江西学院加四级记录四次徐"，其后为正文，正文后注明"罗协中，年四十二岁。吉水县学，咸丰五年入学，咸丰拾年补廪。科举叁次，于同治陆年拾贰月贰拾陆日考准同治陆年岁贡"。并押四枚长方形朱印，一圆形朱印和一朱批"实"字。卷尾书"右单给岁贡生罗协中，准此""同治陆年拾贰月二十七给""提督学院徐引"。此贡单为罗协中考取贡生后的官方证书，对研究科举具有一定的作用。

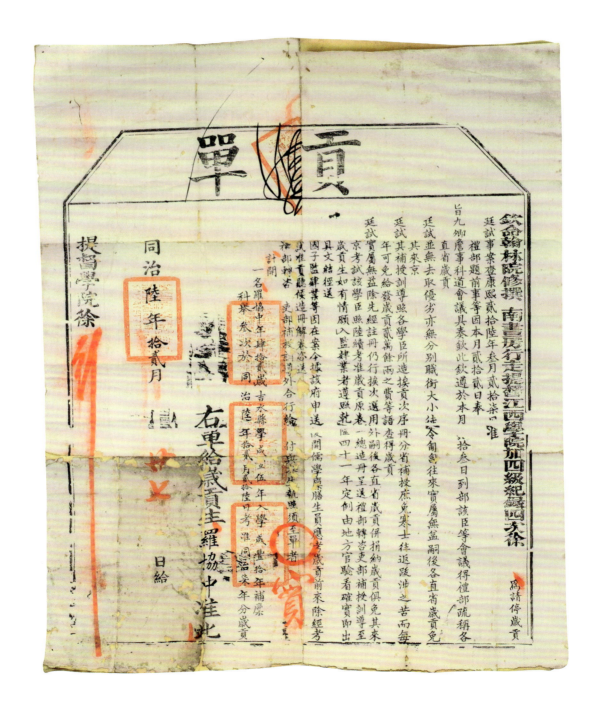

《御制戒石铭》青石碑

清光绪壬午年（1882 年）
长 134 厘米，宽 35 厘米，厚 10 厘米
泰和县博物馆

青石为材，碑刻《御制戒石铭》："尔俸尔禄，民膏民脂。下民易虐，上天难欺。"

在清光绪壬午年（1882 年）陈凤翔任泰和县丞时，"适邑人重修快阁"，找到黄庭坚所书戒石铭的刻本，重刻入石，置于快阁（见此碑陈凤翔款识）。

黄庭坚（1045 ~ 1105 年），江西修水人，以诗文、书法著称。宋元丰三年（1080 年），任泰和知县。他亲自派销食盐，常到民间了解百姓疾苦，手书御制《戒石铭》："尔俸尔禄，民膏民脂。下民易虐，上天难欺"以此警戒官吏。他还写了不少反映平民生活的诗篇。他刑简政清，志廉行洁，注重民生，受到百姓敬佩怀念。

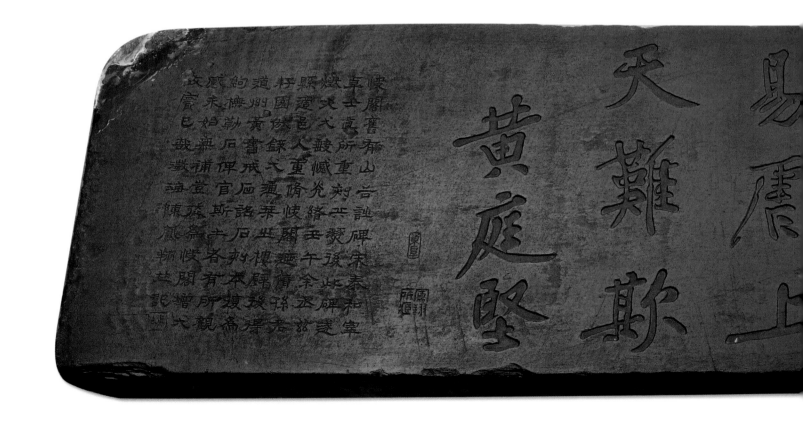

御製戒
石銘□
爾俸爾
祿民膏
民脂下民
易虐上
天難欺
黃庭堅

225

四
家
乡
·
故
乡

以血缘和地缘为纽带形成了中国人的关系网。

"血溶于水"的血缘关系，

"生于斯，长于斯"的地缘关系，好似亲属关系的拟制和延伸。

京城的会馆正是基于此而建，令背井离乡的京城士子们有了"他乡遇故知"，感受家的温暖的港湾。

由此大家积极参与会馆事务，增强了参与性和归属感。

强化乡谊，壮大本邑人士在京城的实力。

也便形成了"开门是北京，关门是家乡"这一北京城会馆的独特建馆理念。

今日虽然会馆已经淡出人们的视线，但在北京拼搏的吉安人仍然延续着吉安的精神，

成为了连接北京与吉安之间的纽带。

义园，义同"义地"或"义冢"，

即旧时埋葬穷人或无主尸骨的公共墓，

一般由有力私人或民间团体

如同乡会馆所设置。

"江西省是在京城最早建立台馆和

会馆主附产最多的省份……

其中面积最大的会馆产是江西会馆主馆，

有 7.68 亩土地、254.5 间房屋；

面积最大的义地是吉安义园，共计土地 24 亩。"

——选自白继增：《北京宣南会馆拾遗》

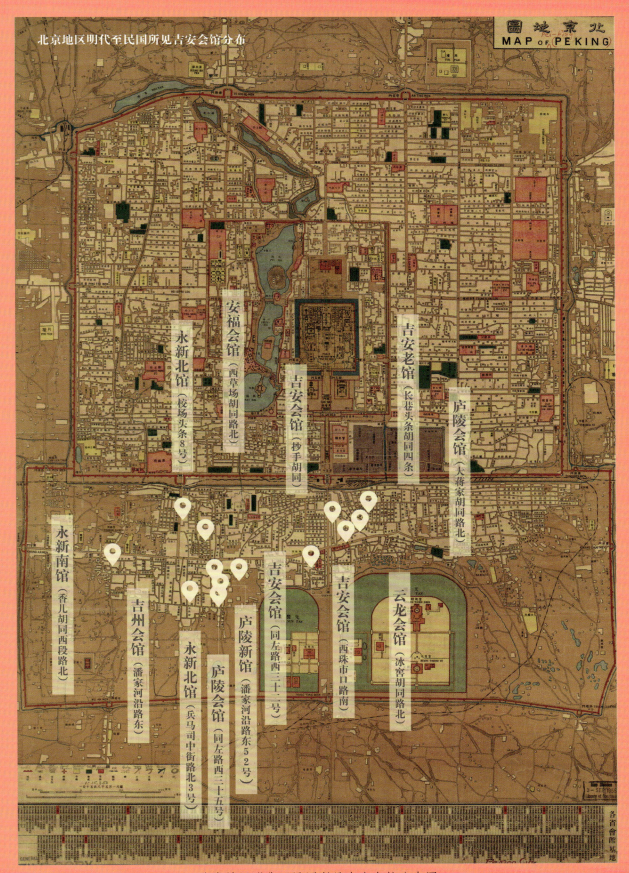

北京地区明代至民国所见吉安会馆分布

图北京地
MAP of PEKING

北京地区明代至民国所见吉安会馆分布

安福会馆（西草场胡同路北）

永新北馆（校场头条8号）

吉安会馆（抄手胡同）

吉安老馆（长巷头条胡同四条）

庐陵会馆（大蒋家胡同路北）

永新南馆（香儿胡同西段路北）

吉州会馆（潘家河沿路东）

永新北馆（兵马司中街路北3号）

庐陵会馆（同左路西三十五号）

庐陵新馆（潘家河沿路东52号）

吉安会馆（同左路西三十二号）

吉安会馆（西珠市口路南）

云龙会馆（冰窖胡同路北）

各省會館基地

北京地区明代至民国所见吉安会馆分布图

"吉安会馆"铭文砖

清（1644 ～ 1911 年）

长 26.8 厘米，宽 16.5 厘米，厚 8.5 厘米

吉安市博物馆藏

据史料记载，在明清时期，江西商人称为"江右商帮"。江西商人活动的地域和范围很广，遍布全国各地。他们捐款集资建造的江西会馆，供同乡同行集会、寄寓之用。民国时期曾统计，北京共有会馆 402 所，其中江西会馆就有 65 所，为各省之冠，"吉安会馆"也是其中的大宗。

吉安义园刻石拓片

清道光壬寅年（1842年）
长95厘米，宽32厘米
北京石刻艺术博物馆藏

黄赞汤撰文，李光涵书石。此刻石原在北京市原宣武区乐培园胡同南口。黄赞汤（1805～1869年），字莘农，号澂三，江西庐陵（今吉安）人，道光年进士，曾任督察院左副都御史等职。

刻石首行记载："园旧有隙，房一间，为停枢所。历年久远，瓦败园颓。"后又记载："爰集同郡居京师者，谋所以兴而大之。"碑文还详细记载了义园重修后房舍的朝向等情况。后部分为捐资者官职及捐资钱数等。

《重修京都吉安义园碑记》拓片

清道光二十八年（1848 年）
高 34 厘米，宽 51 厘米
北京石刻艺术博物馆藏

首题"重修京都吉安义园碑记"。刻石前部分为碑记正文，记载了重修义园的缘起与修缮详情。后部分为镌刻捐输者姓名、官职及钱数等。

重修京都吉安義園碑記

京都二忠祠落成郡人有為余言者曰義

園園牆幾盡塌圮攷者閉游者俱往來

其中蓋且漸平久之基址且弗可考歲

月待者盍急圖之余思義園亦死者旅舍

也葵於此者其父母後嗣曾無一盂茶菜

惟鄉人是賴顧鄉人生視其不能安處於

心安于友雄郡人在京者倡為永園根搜

某公郡治碑碣冀之閱勤垣墉而工興幾

何曰若干壁埈之幾何曰若干公帑餘幾

何曰為有隨謀合捐之引數乎某某雁助

如許其設某某兩殼合得三百餘金

未足以藏事因先稱貸以益之侯書京

外好施者補其不足以償之僉議曾君無懈

蘇董其事以其監修二忠祠始終無懈

私也曾君購料鳩工朝夕經畫踰月而竣

共修圍牆長一百二十一丈共六尺磚俱

用整砌俱用灰堉共修四百三十三塚人

於門內西偏東向蓋瓦房一間厢長一丈

二尺寬一丈五尺階俱用石地俱用磚加

之丹穫為歲時祭埽坐之所舊房滲漏

者治之左右店房傾圮者並修之計費京

第五章

井冈山，中国革命的摇篮。

以毛泽东为代表的中国共产党人，

把马克思主义的普遍原理同中国革命的具体实践相结合，

在这里点燃了"工农武装割据"的星星之火；

创建了中国第一个农村革命根据地；

开辟了一条农村包围城市、武装夺取政权的道路；

井冈山斗争时期留给我们最为宝贵的财富，

就是跨越时空的井冈山精神。

我们要结合新的时代条件，

坚定执着追理想，实事求是闯新路，

艰苦奋斗攻难关，依靠群众求胜利，

让井冈山精神放射出新的时代光芒。

井冈山，中国共产党人永远的精神家园，

马克思主义中国化的伟大开篇。

摇红
篮色

The Cradle of
Revolution

The Jinggang mountain range was a cradle of Chinese revolution.
Here, with combination of the general principle of Marxism and
the practices of Chinese revolution, the Chinese communists
represented by Mao Zedong founded the "armed independent
regime of workers and peasants". The first rural revolutionary base
was established here, the mode of "surrounding the cities from the
countryside and seizing power by armed forces" was created here;
and the spirit of the Jinggang Mountain Revolutionary Area formed
here, which is a valuable treasure left by the period. Adapting
to the conditions of the new era, we have to firmly adhere to the
pursuit of ideals, seek truth from facts and explore new paths, work
hard to overcome difficulties, and turn to the people for assistance
and support, thus integrating the spirit of the new era with that of
the Jinggang Mountain Revolutionary Area.

The Jinggang mountain range is the eternal spiritual home for
Chinese Communists and the base of the great beginning of the
Sinicization of Marxism.

一 坚定执着追理想

对马克思主义的坚定信仰，对社会主义和共产主义的坚定信念，
是井冈山精神的灵魂。
"行程万里，不忘初心"。
坚定执着追理想，就是坚定理想信念，执着忠于理想，
在任何时间、任何地点、任何环境下都要始终如一、坚持不懈地追求真理、追求理想。

毛泽东把马克思主义普遍真理与中国革命的具体实践相结合，
总结了井冈山斗争的经验，提出了"工农武装割据"思想，
为中国革命的胜利开辟了一条"农村包围城市，武装夺取政权"的正确道路。

革命不要怕吃苦，不要怕流血，不要怕牺牲，哪怕只剩下一个人，也要举着红旗干到底。

——彭德怀

新遂边陲特别区工农兵政府工作人员罗冬祥抄写的《共产主义者须知》：
"不怕死，不畏难，不爱钱，为主义而牺牲。"

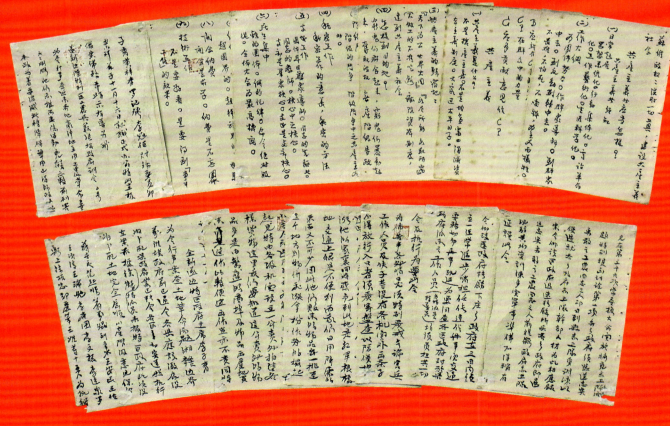

罗冬祥的笔记《共产主义者须知》

红军写在井冈山市茨坪行洲民房上的标语：
"实行马克斯主义，实行共产主义。"

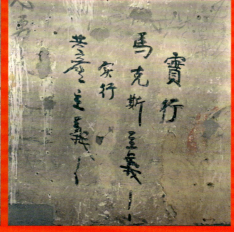

红军写在井冈山市茨坪行洲民房上的标语"实行马克斯主义，实行共产主义"

1929 年 1 月，在井冈山第三次反"会剿"斗争中，
小井红军医院和群众家中的 130 多名红军重伤病员
和医务人员因来不及转移而全部落入敌人手中。
面对敌人的威逼利诱，红军伤员坚贞不屈，全部壮烈牺牲。

小井医院转移重伤病员的牺牲地

189

条形木印

1928 年
长 15.3 厘米，宽 3.6 厘米，高 2.5 厘米
遂川县博物馆藏

　　此木印便是由四区政府所发，
刻文"遂川第四区高圳上乡苏维埃
政府"。

　　1928 年 1 月 5 日，毛泽东率
领工农革命军来到遂川后，立即在
雩田三区、枚江四区、碧洲五区发
动群众。此三区群众早在大革命时
期就曾开展过大革命运动，一经工
农革命军发动，立即组织起来，在
三区先后建立了区、乡红色政权，
高圳上乡苏维埃政府就是在 1 月中
旬由宛希先率领工农革命军帮助建
立的。

190

中华苏维埃临时政府成立代表证

1927 ～ 1937 年
长 9.5 厘米，宽 5 厘米
吉安市博物馆藏

《红色湘赣》第十一期

1933 年
残高 40 厘米，宽 20 厘米
湘赣革命纪念馆藏

《红色湘赣》是湘赣省苏维埃政府的机关报，售铜元三枚。版面分"社论""扩大红军广播台"等栏目。此第十一期刊有《在粉碎敌人五次围剿决战的开始 湘赣红军已获得了初步伟大胜利》《新的形势新的任务（作者：毛泽东）》《红四方面军积极行动》等文章。

《红色湘赣》是当时湘赣苏区宣传党和苏维埃政府方针、政策的一个重要阵地，它对于研究湘赣革命根据地历史和开展爱国主义教育有着重要的价值。

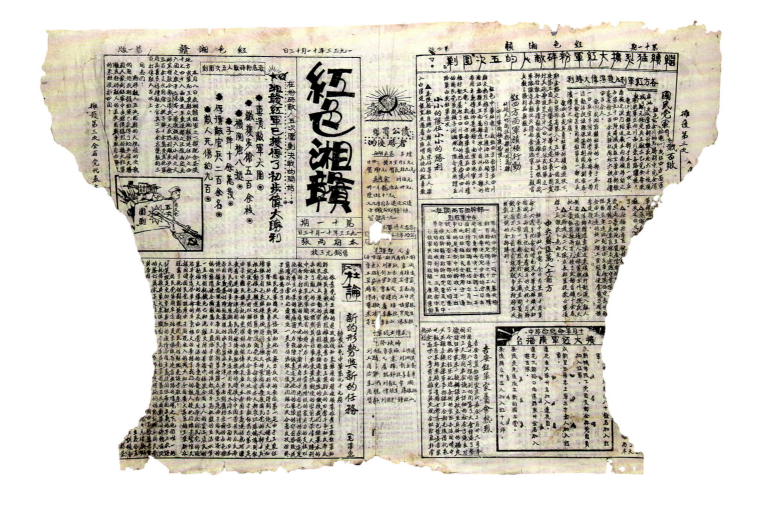

二

实
事
求
是
闯
新
路

"实事求是、敢闯新路",是井冈山精神的核心。
我们要坚持马克思主义基本原理,牢牢立足于中国自身的历史、现实、需要,
敢于开辟前人没有走过的路,借鉴人类文明发展的一切优秀成果,
不断解放思想、开拓进取。

1927年8月1日,周恩来、贺龙、叶挺、朱德、刘伯承等,在南昌组织和发动起义,
打响了中国共产党武装反抗国民党反动派的第一枪。
1927年8月3日,中共中央制定了《关于湘鄂粤赣四省秋收暴动大纲》,
决定在大革命时期工农运动基础较好的湘鄂粤赣四省举行秋收起义。

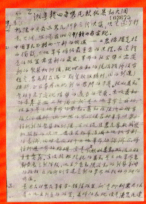  

《湘鄂赣粤四省秋收暴动大纲》　　　　　湖南省浏阳文家市前委会议旧址

1927年9月9日,毛泽东、卢德铭等在修水、铜鼓、平江、浏阳一带
领导和发动了震惊中外的湘赣边界秋收起义。
秋收暴动失利后,毛泽东命令部队到湖南省浏阳文家市会合。
1927年9月19日晚,毛泽东、卢德铭等召开前委会议,决定暂时放弃攻打长沙的计划,
部队沿湘赣边界向湘南转移。
1927年9月20日,工农革命军在今湖南省浏阳文家市里仁学校集结,
开始沿湘赣边界进军,
实现了党的工作重心由"以城市为中心"向"以乡村为中心"的伟大转变。

"红军所以艰难奋战而不溃散,'支部建在连上'是一个重要原因"。

今湖南省浏阳文家市里仁学校

支部是火车头

"军队的民主主义制度,将是破坏封建雇佣军队的一个重要武器"。

"红军的物质生活如此菲薄,战斗如此频繁,仍能维持不散,除党的作用外,
就是靠实行军队内的民主主义"。

中国工农红军第五军战士李金华的布袖章

1928 年
宽 20.5 厘米，高 16 厘米
遂川县博物馆藏

1929 年，湘赣敌人对井冈山革命根据地进行第三次会剿，反水富农带路，黄洋界哨口失守。彭德怀、滕代远等同志率红五军向赣南闽西突围，经过遂川大汾长冈坪，遭敌人阻击，红五军战士为掩护大部队突围，失散在大汾周围的乡村。他们有的在当地群众的掩护下脱险，有的却遭到当地土匪、乡丁的逮捕杀害。退至戴家埔的红五军战士李金华等人被当地乡丁抓住，关在伪乡公所待审。李金华自知难免遭害，危急时，他将佩戴的袖章脱下来，藏到房内门框边的墙缝里，外面再用一块泥土塞住。第二天，他们遭到严刑拷打后被敌人杀害在河滩上。

遂川县第一次全县工农兵代表大会代表证

1928 年
残高 16.5 厘米，残宽 11.2 厘米
遂川县博物馆藏

1928 年 1 月 24 日，毛泽东同志亲手创建的第一个红色政权——遂川县工农兵政府建立后，领导全县人民开展了轰轰烈烈的土地革命，相继建立了十个区工农兵政府。1928 年 12 月 9 日，遂川县第一次全县工农兵代表大会在下庄村召开，会议总结了县苏维埃政府成立后一年来的工作情况，就加强红色政权的建设，加强地方武装的建设，开展土地革命斗争等工作做了具体布置；选举了县苏维埃政府新的领导班子，并就选举结果发布了《遂川县工农兵苏维埃政府公函第一号》。这个布质代表证来自大会代表蒋正光。

永新县委《三大纪律八个注意说明》油印册

1932 年
长 9.7 厘米，宽 8.4 厘米
井冈山革命博物馆藏

全册共 7 页，刻印本。1932 年中共永新县委编印的这本小册子对"三大纪律八个注意"逐条作了浅释，是当年广大红军指战员学习"三大纪律八个注意"的辅导材料，对研究我军早期的政治建设和军纪作风以及为什么提出"三大纪律八项注意"有重要的史料价值。

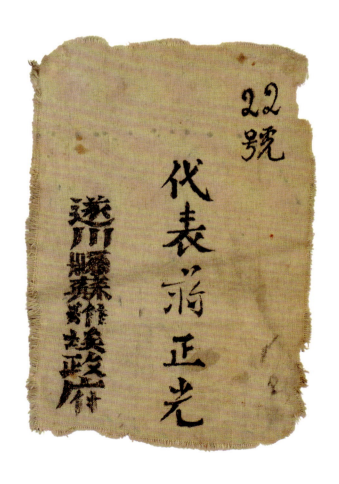

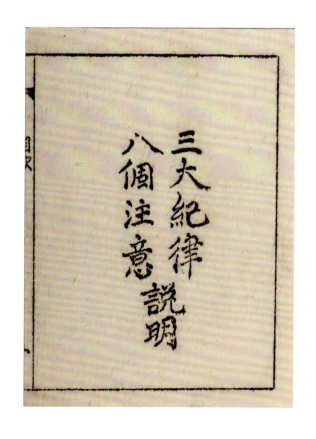

中华苏维埃童子军臂章

1927 ～ 1937 年
长 6.6 厘米，宽 5 厘米
吉安市博物馆藏

刺刀

1932 年
长 49 厘米，宽 8.9 厘米，厚 0.7 厘米
吉安市博物馆藏

　　此件展品为苏区少年先锋队使用过的刺刀。中央苏区少年先锋队是苏维埃革命队伍中的重要组成部分。它与共青团、红军和苏维埃政府之间相互嵌入性十分复杂，并且相互影响，逐渐形成互为共进的政治关系，对中央苏区的政治革命产生了重要影响。

　　赣南闽西红色歌曲《上前线去》中有这样的歌词："我们少年先锋队，英勇武装上前线。用我们的刺刀、枪炮、头颅和热血，坚决与敌决死战！"

1927 年冬，前委派毛泽覃到井冈山宁冈县乔林乡恢复了党的组织，
建立了湘赣边界第一个农村党支部——乔林乡党支部，毛泽覃任书记。

井冈山宁冈县乔林乡党支部旧址

自 1927 年 11 月以来，
毛泽东领导井冈山军民先后在湖南茶陵、
江西遂川等地创建了六个县级红色政权，
开始了红色政权建设的伟大实践。

茶陵县工农兵政府

遂川县工农兵政府

井冈山会师

1928 年 4 月底，朱德率部前往井冈山，同毛泽东领导的部队会合。

两支部队合编为中国红军第四军，朱德任军长，毛泽东任党代表，王尔琢任参谋长，陈毅任政治部主任。

1928 年 12 月，彭德怀、滕代远率平江起义主力与红四军会师。

以毛泽东为代表的中国共产党人在井冈山开始了马克思主义中国化的伟大实践。

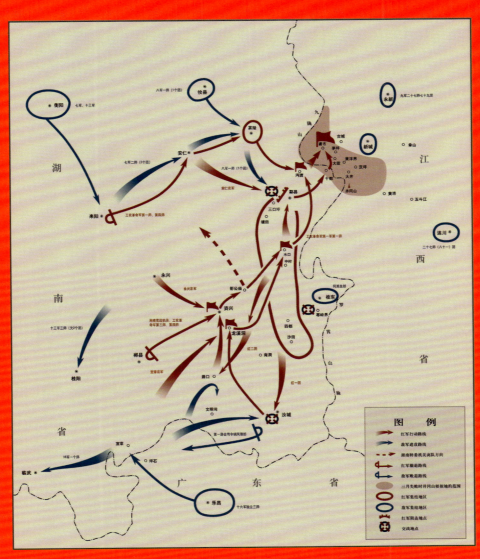

井冈山会师示意图（1928 年 3 ~ 4 月）

197

红军使用过的乙炔灯

1929 年
高 35 厘米，底径 8 厘米
吉安市博物馆藏

198

红军使用过的红字款荷包

1929 年
长 13 厘米，宽 19 厘米
吉安市博物馆藏

三

艰苦奋斗攻难关

艰苦奋斗是中国共产党的政治本色和优良传统，也是井冈山精神的基石。
"艰难困苦，玉汝于成"。
艰苦奋斗攻难关，就是始终保持艰苦创业的奋斗精神，
保持勤俭节约的优良品德，排除工作困苦，攻克艰难险阻，努力工作，奋勇攻关。

井冈歌谣：
红米饭，南瓜汤，秋茄子，味好香，餐餐吃得精打光。
干稻草来软又黄，金丝被儿盖身上；不怕北风和大雪，暖暖和和入梦乡。

井冈歌谣：
朱德挑粮上坳，粮食绝对可靠，
军民齐心协力，粉碎敌人"会剿"。

井冈山斗争时期，为了储备充足的粮食，
毛泽东、朱德等带领井冈山军民一起往返 100 多里到宁冈等地挑粮上山。
根据地传颂着"朱德扁担"的故事。

挑粮小路

朱德的扁担（复制品）
扁担长 130 厘米，通宽 9.1 厘米
井冈山革命博物馆藏

1927 年冬，毛泽东委派工农革命军副师长余贲民在宁冈桃寮创办了我军第一个被服厂。

寒冬时期，工人们见余贲民还穿着单衣、单裤，就拿了做好的棉衣给他穿。

余贲民说这是给前线打仗的战士们穿的，我们不能乱拿。

桃寮被服厂

200

红军被服厂使用过的铜熨斗

1930 年
高 8.3 厘米，长 27 厘米，直径 9.5 厘米
吉安市博物馆藏

红军军需工厂的主要工作内容是建立被服厂。有专家研究当时在中央苏区先后建立了 12 个被服厂，其中较大的是第一、第二和第三被服厂。生产的产品有军装、子弹袋、床单、夹被、干粮袋、绑腿等。

201

红军被服厂使用过的铁剪刀

1930 年
长 27 厘米，宽 8 厘米
吉安市博物馆藏

202

红军被服厂使用过的针线布包

1930 年
长 8.5 厘米，宽 4.5 厘米
吉安市博物馆藏

小井红军医院

宋乔生担任红四军军械处处长。
在这里修好的迫击炮，
为黄洋界保卫战取得胜利发挥了巨大作用。

红四军军械处

龙源口大捷

1928 年 6 月，赣敌第九师和二十七师 5 个团、湘敌 3 个团，
总共 8 个团的敌军"会剿"井冈山。
红四军只有 4 个团，敌我力量、武器装备十分悬殊。
毛泽东、朱德率领红军采用"敌进我退，声东击西"的战术，
宁冈、永新地方武装积极参战，在龙源口大败赣敌杨如轩、杨池生部。

龙源口旧景

龙源口战斗中使用的军号

1928 年
高 29.5 厘米，口径 2.5 厘米，底径 11 厘米
湘赣革命纪念馆藏

中国军队初建时，就有了司号制度。1931 年，红军时期，颁布的军用号谱已达 300 余种。军号、司号制度是军队特色文化的一部分，顽强精神的象征，对提振军心士气，传承红色基因，弘扬红色传统是不可或缺的。

此军号为红四军二十九团在"龙源口战斗"中所使用的。军号号颈处的红棉布条是红军战士亲手扎上的。此号曾在井冈山斗争时期的龙源口战斗中发挥过重要的作用。

草林圩场

1928 年 7 月，党和红军领导人民在茨坪
设立了我党领导下的第一个红色贸易部门
——新（永新）遂（遂川）边陲特别区工农兵政府公卖处。

大陇圩场

新遂边陲工农兵政府公卖处旧址

标语"保护小商人做买卖"

红军开办的红色圩场，
由于落实了保护中小商人的政策，
圩场非常活跃，逢圩人数高达 2 万多，
为从来所未有。

204

壹圆银元

1932 年
直径 3.8 厘米，厚 0.25 厘米
湘赣革命纪念馆藏

　　此银元是湘赣省造币厂仿造民国三年袁大头像的银元，面值壹圆。银元正反两面都印有凸纹，正面图案为两束麦穗，穗柄相交成环形，中间竖排"壹圆"字样，背面则为袁世凯头像，头像上面从右至左弧排"中华民国三年"字样。

205

银元铜模

1932 年
通高 9 厘米，上模高 3.9 厘米，
口径 7 厘米，下模高 5.1 厘米，
口径 8.1 厘米，上下模底径 5.8 厘米
湘赣革命纪念馆藏

　　此为赣省造币厂仿造民国三年袁世凯头像壹圆银元铜模。铜模分上下两层，为铜芯铁箍。下层模芯为一圆柱体，铜芯外围铸有铁质保护套箍，铜芯正中阴刻银币的反面图案，图案为左右对称、穗柄相交的两束麦穗，中间竖排楷书反向"壹圆"字样；上层模芯正中阴刻袁世凯头像的反向图案，头像上方排"中华民国三年"反向魏体字样。

赣西特委、湘赣边特委等党的地方组织，

领导了东固革命根据地、赣西南革命根据地土地改革。

寧岡縣第三區第八鄉蘇維埃政府佈告

本府現以成立。迄今奪取政權

肅清反動革命。陰罪亦牽連

打倒封建勢力。嚴禁賭博洋煙

紅軍幫我工農瓜分地主糧田

屬鄉均已分好務逐耕耘在前

倘有自由抛荒查覽重責難免

刻下稻熟之期不准鶩鴨放田

特示佈告於後各宜領遵為先

宁冈县第三区第八乡苏维埃政府布告

公略县开仑区龙田乡土地免税证收据

1927 ～ 1937 年
长 16.6 厘米，宽 8.9 厘米
井冈山革命博物馆藏

宁冈第六乡苏维埃政府通知谢鹏恩交土地税的便条

1927 ～ 1937 年
长 18.6 厘米，宽 7.1 厘米
井冈山革命博物馆

　　此件收据的四周有一黑线框，框内最顶端为横格，从右至左印有"土地税免税证收据"；下面内容为竖行，分别写有免税具体内容；左上角有一半圆形红印章，下面是乡主席的红色小方印及一枚三角形红印，但印文均已模糊。

　　这份收据证反映了土地革命时期苏维埃政府对工人减免土地税的优惠政策，对研究苏区时的土地政策提供了有力见证。

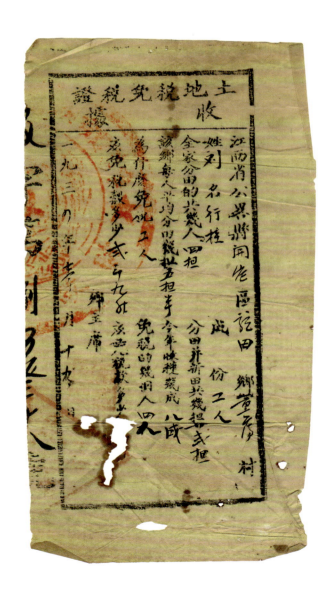

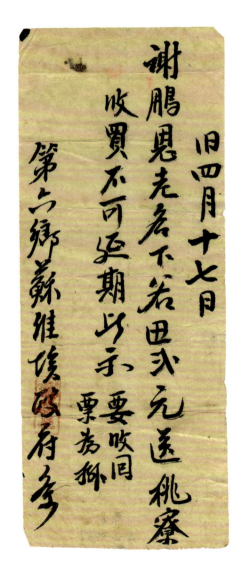

中华赤色邮政湘赣省总局
邮票税证收据

1932 ～ 1934 年
单张长 2.7 厘米，宽 2.4 厘米
湘赣革命纪念馆藏

票面印有方形外框，框内上面横排"苏维埃邮政"几个字。油印图案为中央设计印制一只睁开的眼睛，眼球内瞳孔处为一个五角星，四角分别印有一个圆圈，上左圈内印"分"字，右圈内印"叁"字，下面两个圈内各有一个阿拉伯数字"3"，整个票面无图案处则印满细竖线。该邮票共 22 张，分布于两张联票之上。一张联票上有 30 张单票，其中"叁分"票 16 张，"壹分"票 12 张，另一张联票上有单票 8 张，叁分票及壹分票各 4 张。

209

苏区赤色邮政布包

1927 ～ 1937 年
长 28 厘米，宽 16.5 厘米
吉安市博物馆藏

东古区消费合作社流通券

1929 年

长 13 厘米，宽 6.3 厘米

吉安市博物馆藏

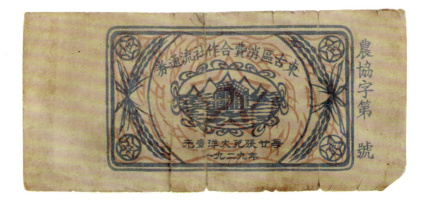

江西工农银行拾枚纸币

1930 年

长 12.6 厘米，宽 7.4 厘米

吉安市博物馆藏

中华苏维埃共和国国家银行
壹分铜币

1927 ～ 1937 年
直径 1.8 厘米，厚 0.1 厘米
吉安市博物馆藏

中华苏维埃共和国国家银行
伍分铜币

1927 ～ 1937 年
直径 2.6 厘米，厚 0.2 厘米
吉安市博物馆藏

中华苏维埃共和国经济建设
公债伍圆券

1931 年
长 14.9 厘米，宽 17.1 厘米
吉安市博物馆藏

中华苏维埃共和国国家银行
壹角纸币

1934 年
长 9 厘米，宽 5.2 厘米
吉安市博物馆藏

中华苏维埃共和国国家银行
伍角纸币

1933 年
长 10.1 厘米，宽 6.4 厘米
吉安市博物馆

中华苏维埃共和国国家银行
湘赣省分行伍分纸币

1934 年
长 8 厘米，宽 4.6 厘米
吉安市博物馆藏

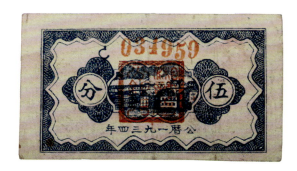

中华苏维埃共和国湘赣省
革命战争公债券壹圆纸币

1933 年
长 11.9 厘米，宽 6.6 厘米
湘赣革命纪念馆

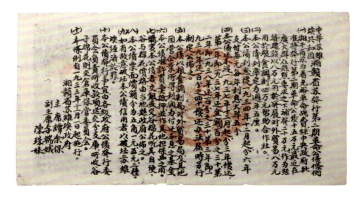

**中华苏维埃共和国国家银行
湘赣省分行拾枚纸币**

1934 年
长 9 厘米，宽 5.2 厘米
湘赣革命纪念馆

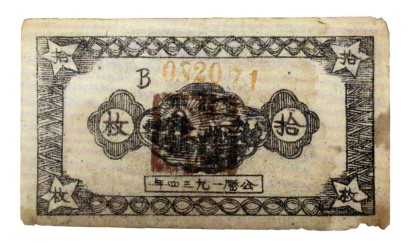

**中华苏维埃共和国革命战争
公债壹圆券**

1927 ～ 1937 年
长 12.5 厘米，宽 8.1 厘米
吉安市博物馆藏

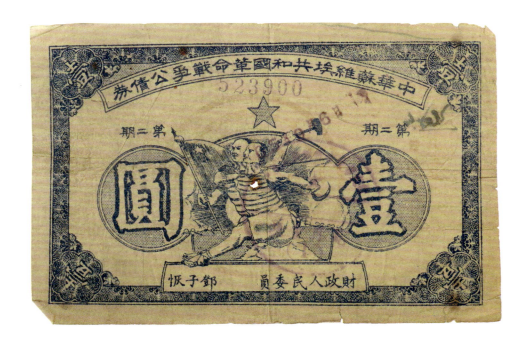

四

依靠群众求胜利

紧紧团结群众、依靠群众，是井冈山斗争时期的重要法宝。

井冈山形成了鱼水相依、血肉相连的党群关系、军民关系。

群众路线在革命战争年代是胜利之本，在和平年代同样是胜利之本。

人民群众是中国共产党领导社会变革的力量源泉，是中国共产党人克敌制胜的法宝，

也是中国共产党人执政兴国的传家宝。

国民党反动派就像一口大水缸，我们呢就像是块小石头。只要我们团结一心，

依靠千千万万的工农群众，我们这块小石头就总有一天要打破那口大水缸。

——毛泽东

袁文才、王佐是井冈山地方农民武装首领。

1928年2月，袁文才、王佐部在井冈山宁冈大陇朱家祠升编为工农革命军第一军第一师第二团，

袁文才任团长，王佐任副团长，何长工任党代表。这支武装后来成为红四军的主力团，

为创建、发展、巩固井冈山革命根据地发挥了十分重要的作用。

井冈山宁冈大陇朱家祠

1962年袁文才在吉安农民运动培训班的合影

我们红军要与群众有盐同咸，无盐同淡。

——朱德

漫画标语"打土豪"

标语"彻底分配土地"

标语"彻底实行分配土地"

红军临时借谷证

1927 ～ 1937 年
长 17.5 厘米，宽 11.4 厘米
吉安市博物馆藏

　　红军军用粮票证中有一种非常特殊的品种,叫"红军临时借谷证",全称是"中华苏维埃共和国红军临时借谷证"。目前较为多见的有"干谷伍拾斤""干谷壹佰斤""干谷伍佰斤""干谷壹仟斤"等四种面额。

永丰县严东乡苏维埃政府给两代人曹明忠范桂财的分塘证

1933 年
长 22.7 厘米，宽 9.3 厘米
井冈山革命博物馆藏

　　分塘证为毛边纸质地。自右至左第四行与第五行墨字空白处盖有"石马区严东乡苏维埃政府"红条印一枚，第五行"土地"下面盖有郑明清的红方印一枚。

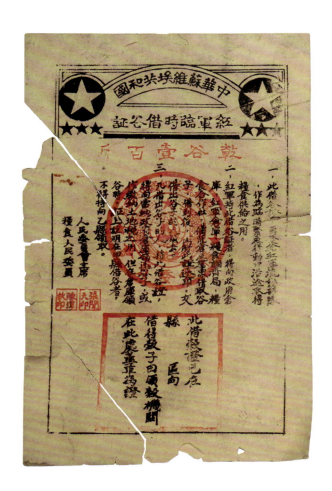

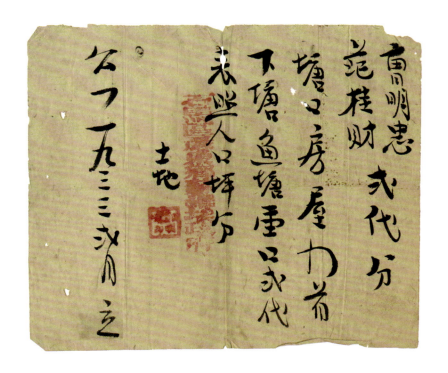

范致全的分田证

1930 年
长 31.7 厘米，宽 20.1 厘米
井冈山革命博物馆藏

　　毛边纸质地，墨字竖行，字迹清晰。证书的左中下方分别盖有主席张远发和土地委员凌福兴的红方印各一枚外，同时，还有 15 处盖有凌福兴的红方印共 15 枚。该证见证了土地革命时期苏维埃政府工作人员严谨、细心和一丝不苟的工作态度，也是苏维埃政府开展分田运动的历史见证。

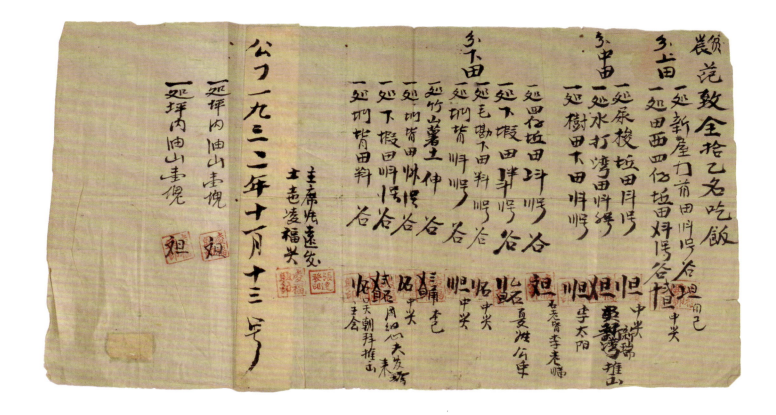

黄洋界保卫战

1928 年 8 月 30 日，
何挺颖、朱云卿指挥红军以不足一个营的兵力，
依靠广大群众的智慧和力量，
取得了黄洋界保卫战的胜利，
保卫了井冈山革命根据地。

黄洋界保卫战胜利纪念碑

毛泽东《西江月·井冈山》

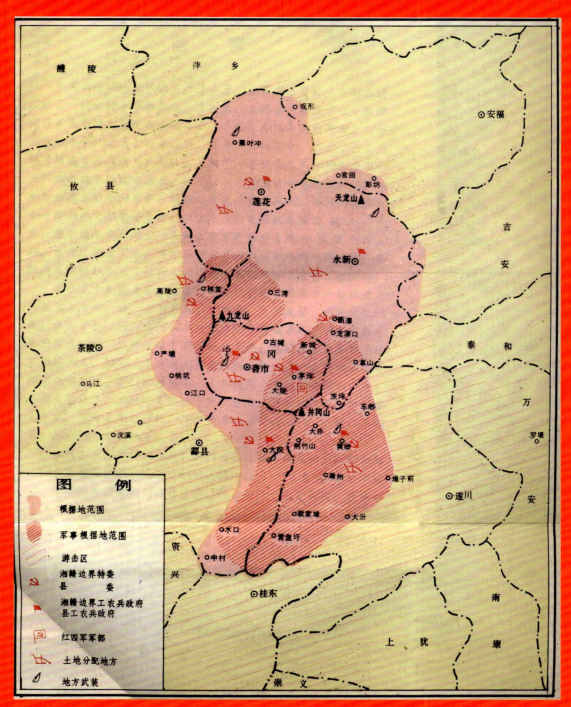

井冈山革命根据地全盛时期形势示意图（1928 年 6～7 月）

九打吉安

1929年1月14日，毛泽东、朱德等率领红四军主力离开井冈山，踏上了转战赣南的艰难行程。在随后一年的时间里，红四军通过东固会师，立足于赣西南，不断扩大红色割据，星星之火很快成燎原之势。1930年2月7~9日，毛泽东在吉安东固地区的陂头村，主持召开了著名的"二七会议"。会议制定了攻打吉安，进而夺取江西全省的战略部署。随后，赣西革命形势发展迅猛，赣西南苏区连成一片，攻打吉安条件与时机已成熟。

从1929年10月提出"攻取吉安"，到1930年10月攻下吉安的1年时间里，毛泽东、朱德率领的红四军、红一军团和红一方面军，在江西地方红军武装红六军、红二十军和数十万群众的配合下，先后发动了九次攻打吉安城战斗，史称"九打吉安"。攻打吉安的胜利，充分证明了农村包围城市的合理性与可行性。

"二七会议"会址

**红军攻打吉安使用过的
铁皮喊话筒**

1927 ～ 1937 年
通高 34.5 厘米，直径 17 厘米
吉安市博物馆藏

**赤卫队攻打吉安使用过的
铁梭标**

1930 年
长 28 厘米，宽 3.8 厘米，厚 1.2 厘米
吉安市博物馆藏

赤卫队攻打吉安使用过的铁刀

1930 年
长 80 厘米，宽 9.5 厘米，厚 0.8 厘米
吉安市博物馆藏

赤卫队攻打吉安使用过的刺刀

1930 年
长 48 厘米，宽 3.4 厘米，厚 1.1 厘米
吉安市博物馆藏

慰劳红军急先锋第一等银质奖章

1930 年
通高 14.8 厘米，角宽 8 厘米
吉水县博物馆藏

该奖章呈五角形，中为轮形图案，轮形上凸出斧头、镰刀图案，衬五角星底图，五角上各有五瓣花形一朵，文字从右至左呈半圆形，上面刻有"慰劳红军急先锋第一等奖"下面刻有"赣湘省赣北斗委会给"奖章通配有银链条和短横条，以作挂佩之用。

赤卫队攻打吉安时用过的布挎包

1930 年
通高 60 厘米，宽 35 厘米
吉安市博物馆藏

八角楼的灯光

1927年10月至1929年1月，毛泽东同志在江西省吉安市井冈山市茅坪乡茅坪村期间，所住之所为砖木结构的二层楼房，本是当地名医谢池香的私宅，有1个小厅堂，10间小房，楼上开有八角形天窗，故又称八角楼。毛泽东同志在八角楼居住和办公，经常召开军民座谈会，整理调查报告。1928年冬天，他写下了《中国的红色政权为什么能够存在？》一文，《井冈山的斗争》也于1928年11月下旬在此完稿。两篇作品，总结了井冈山斗争的经验，阐明了"工农武装割据"的光辉思想，为"农村包围城市，武装夺取政权"的中国革命道路理论的形成奠定了基础。

茅坪八角楼毛泽东同志旧居外景

茅坪八角楼毛泽东同志旧居内景

230

砚台

民国（1912 ~ 1949 年）

直径 8 厘米，高 1.8 厘米

吉安市博物馆藏

231

油灯

民国（1912 ~ 1949 年）

高 30 厘米，底径 14 厘米，宽 18 厘米

吉安市博物馆藏

232

马灯

民国（1912 ~ 1949 年）

高 28 厘米，底径 16 厘米，宽 18 厘米

高 32 厘米，底径 19 厘米，宽 21 厘米

吉安市博物馆藏

井冈山斗争的伟大实践，对中国革命道路的探索和抉择、
对中国共产党和人民军队成长具有关键意义。
井冈山时期留给我们最为宝贵的财富，就是跨越时空的井冈山精神。

——2016 年 2 月习近平在井冈山调研时的讲话

结语

Epilogue

走过岁月长河，经过洗礼沉淀，

吉安的历史融汇成为这里的灵魂与血脉。

温故知新，吉安郡望领古韵风骚，

不忘初心，燎原希望启时代风帆。

在中华人民共和国 70 华诞之年，

我们藉吉安之名，祝福祖国吉祥太平！祝福人民安康幸福！

As time passes by, through sublimation and sedimentation of the ages, the history of Ji'an has suffused its soul and veins. Look back to the past, the county of Ji'an has been unparalleled in ancient times; Stay true to the original mission, it will follow the calling of the new era. On the 70th birthday of the People's Republic of China, in the name of Ji'an, we offer wishes of good luck and peace to our country and well-being and happiness to our people!